O contador de histórias espíritas

EDITORA EME

Solicite nosso catálogo completo, com mais de 300 títulos, onde você encontra as melhores opções do bom livro espírita: literatura infantojuvenil, contos, obras biográficas e de autoajuda, mensagens espirituais, romances palpitantes, estudos doutrinários, obras básicas de Allan Kardec, e mais os esclarecedores cursos e estudos para aplicação no centro espírita - iniciação, mediunidade, reuniões mediúnicas, oratória, desobsessão, fluidos e passes.

E caso não encontre os nossos livros na livraria de sua preferência, solicite o endereço de nosso distribuidor mais próximo de você.

Edição e distribuição

EDITORA EME

Caixa Postal 1820 - CEP 13360-000 - Capivari - SP

Telefones: (19) 3491-7000/3491-5449

vendas@editoraeme.com.br - www.editoraeme.com.br

Wilma Stein
Inspirada pelo Espírito vovô Sabino

O contador de histórias espíritas

CAPIVARI/SP
– 2012 –

Os direitos autorais desta obra foram cedidos pela autora para a Editora EME, o que propicia a venda dos livros com preços mais acessíveis e a manutenção de campanhas com preços especiais a Clubes do Livro de todo o Brasil.

A Editora EME mantém, ainda, o Centro Espírita "Mensagem de Esperança", colabora na manutenção da Comunidade Psicossomática Nova Consciência (clínica masculina para tratamento da dependência química), e patrocina, junto com outras empresas, a Central de Educação e Atendimento da Criança (Casa da Criança), em Capivari-SP.

3ª edição – janeiro/2012 – Do 3.501 ao 4.500 exemplares
(Foram feitas duas edições com o título de *Os Serões do Vovô Sabino)*

CAPA | Thiago Retek Perestrelo
DIAGRAMAÇÃO | Antonio do Carmo Martimbianco
REVISÃO | Editora EME

Ficha catalográfica elaborada na editora

Sabino, Vovô (Espírito)
O contador de histórias espíritas / pelo espírito vovô Sabino;
[psicografado por] Wilma Stein - 3ª ed. - Capivari, SP : Editora EME.
208 p.

1ª edição : jan. 2003
ISBN 978-85-7353-476-4

1. ABC do Espiritismo para jovens e adultos.
2. Espiritismo - Iniciação para adolescentes e adultos.

CDD 133.9

Sumário

Prefácio

ATRAVESSAMOS NA ATUALIDADE uma fase de transição, na qual a humanidade vive momentos de angústia, descrença e incompreensão.

Estamos atingindo a Idade da Razão, caracterizada pelo vertiginoso progresso da ciência e da tecnologia. A criatura humana já não aceita os conceitos arcaicos e falidos das "religiões do terror", no dizer de Einstein, nem os preceitos morais arbitrários de uma sociedade corrompida e hipócrita.

Na falta de algo que motive uma vivência feliz e sadia, o homem apega-se desesperadamente às ideias materialistas de nadificação, nihilismo, e até da "morte de Deus", defendidas por Comte, Sartre e Nietzsche, elegendo o desfrutar ao máximo dos prazeres grosseiros da vida física como o objetivo único da existência humana. Ansiando por uma liberdade plena, o homem cai no extremo oposto, prendendo-se à dependência de drogas, aos abusos do sexo e da pornografia, que promovem, ao fim, a depravação dos costumes e a degradação da dignidade humana.

A humanidade continua sedenta de amor e liberdade. Seu conceito de amor, contudo, restringe-se à satisfação plena do sexo, e liberdade se confunde com a realização, a qualquer custo, de todos os desejos, sem critério nem responsabilidade. Os preceitos oferecidos pelo Espiritismo, baseados na razão e no bom-senso, podem trazer ao homem a tão sonhada liberdade, como já afirmou há quase dois mil anos o humilde carpinteiro de Nazaré, ao asseverar que conheceríamos a Verdade e ela nos libertaria.

É nossa intenção transmitir em linguagem fácil e compreensível a todos, uma síntese da Doutrina Espírita, livre de misticismos e das deturpações que tantas vezes fazem com que pessoas um pouco mais esclarecidas se afastem decepcionadas dos Centros Espíritas, por não encontrarem neles aquilo que constitui a verdadeira missão da doutrina codificada por Allan Kardec, qual seja, a de libertar a criatura humana do misticismo, do fanatismo e da ignorância, e responder as velhas questões que vêm atordoando o homem ao longo dos séculos: quem somos? De onde viemos? Para que vivemos? Para onde iremos após a morte?

Que Jesus abençoe a nossa humilde sementeira, para que germine nos corações humanos, produzindo a seu tempo pelo menos alguns frutos de paz e fraternidade.

Rio Claro, fevereiro de 1985.
Vovô Sabino.

1
Os jovens e o contador de histórias

TODAS AS TARDES, vovô Sabino, como era chamado pelos pequenos, um velhinho simpático, sentava-se em um banco da praça da matriz, reunindo à sua volta uma pequena multidão de crianças de todas as idades para ouvir as histórias que costumava contar. Sabino conseguia cativar a atenção da criançada pela sua facilidade para pintar em vivas cores as suas narrativas.

Às vezes, alguns jovens estudantes paravam curiosos, atraídos pela aglomeração ao redor do idoso, e permaneciam por mais tempo, ouvindo as narrativas. Um dia, Marcos, um rapaz esperto e algo irreverente comentou:

— O velho leva jeito pra contar histórias... Parece que ele sabe das coisas...

Os demais sorriram, concordando.

— É... Eu também gostava de ouvir contar histórias quando era criança - acrescentou Gumercindo.

— E eu ainda gosto muito de ler histórias em quadrinhos, como o Pato Donald, Pateta, Mickey... É uma higiene mental - comentou Maurício.

— Sem essa, meu! Eu gosto mesmo é de revistas pornográficas. Tem cada sacanagem... São excitantes! - disse Gustavo, com um sorriso zombeteiro.

— O velhote parece legal, mas vive no mundo da Lua - observou Marcos. - Ele só fala de coisas religiosas, evangelho, essas bobagens. Quem é que liga pra essas coisas hoje em dia?

Os outros riram. Marcos prosseguiu:

— Eu estou com vontade de mexer com ele... Só pra ver o que ele vai dizer...

— Deixe o coitado em paz. Ele é velho. Não esqueça que você também vai ficar velho um dia! - retrucou Maurício.

— Pô! Eu não vou azarar o coroa! Vou só fazer umas perguntas para vê-lo se embananar todo...

— Isso é maldade...

— Não é, não. No fundo, no fundo, eu até que tenho vontade de saber algumas coisas que me grilam às vezes... O velhote parece que sabe das coisas. Quem sabe, ele pode nos ensinar algo interessante. Vamos tentar, turma? Se ele começar a "derrapar na maionese", a gente "dá no pé"... Que tal a ideia?

— Vamos nessa! - concordou Gumercindo.

— É, vamos tentar - disse Gustavo. - Vai ver é até divertido...

O grupo aguardou uma oportunidade. Certo dia, as aulas haviam terminado mais cedo, pela falta de um professor. Eles se dirigiram então à praça, livros embaixo do braço, em alegre tagarelice. Sabino estava sentado em seu banco, como de costume. As crianças já se haviam retirado e ele descansava, meditando. Os jovens trocaram um olhar de entendimento entre si.

— É hoje! Vamos?- perguntou Marcos.

— Vamos! - responderam todos.

Entre sorridentes e irônicos, eles se aproximaram de Sabino.

— Boa tarde, vovô.

O velho ergueu os olhos e respondeu sorrindo:

— Boa tarde, meus rapazes...

— Nós o temos visto contando histórias para as crianças - comentou Marcos.

— A gente queria fazer algumas perguntas. Podemos? - acrescentou Gumercindo.

— Sem dúvida... Com todo o prazer. Eu sempre tenho tempo...

Sou aposentado e gosto muito de conversar... Principalmente, com crianças e jovens simpáticos como vocês...

— Obrigado, vô - disse Marcos, sentando-se ao lado dele. O resto acomodou-se no chão mesmo, como as crianças.

— O que é que vocês querem saber? - disse Sabino.

Marcos, o mais falante, deu a partida:

— Estamos curiosos para ver como você vai responder as perguntas "da pesada" que nós queremos fazer...

— Perguntas "da pesada"? Como assim?

— Coisas que até hoje ninguém nos explicou direito, com lógica e clareza... Essas lorotas de pecado, céu, inferno, purgatório... Ninguém acredita mais nesses troços... Até em Deus, eu acho que não dá muito para acreditar... Tudo isso é confuso, sem lógica, sem pé nem cabeça... Você aguenta uma discussão com a gente? Topa a parada?...

— Topo! E você fez bem em falar em lógica. Precisamos realmente de jovens com ideias novas, pois as velhas já estão ruindo pelas bases, superadas pela evolução da mente humana, que não mais aceita os dogmas, os misticismos, os mistérios, buscando entrar na era da razão e do bom-senso.

Perplexos ante a resposta algo inesperada do velho, os moços silenciaram. Sabino então prosseguiu:

— Qual é, então, a primeira pergunta?

A ironia desapareceu logo do semblante dos jovens, dando lugar a uma sadia curiosidade:

— O senhor pertence a alguma religião? - perguntou Marcos.

— O que é que vocês entendem por religião? - redarguiu Sabino.

— Ora, as coisas que ensinam esse mundo de igrejas que existem por aí...

— Você está enganado, meu filho. Eu entendo por religião a vivência dos ensinos de Jesus. Ou seja, a prática da fraternidade, independentemente da frequência aos cultos nas igrejas de pedra. Como disse o Mestre, chegará um dia em que o homem adorará a Deus em espírito e verdade. Religião, meu filho, é o conhecimento da essência do nosso eu. E esse conhecimento é que nos proporciona uma vivência feliz, dinâmica e equilibrada. A religião deve, portanto, ser praticada não na frieza e insensibilidade dos templos suntuosos, mas na calorosa igreja do nosso eu interior. Religião é sensibilidade espiritual posta a serviço do nosso próximo, através da fraternidade e da solidariedade verdadeiras. O resto são resquícios de nossa infância evolutiva, mitos e crendices que nos acompanham desde o tempo da pedra lascada...

Os jovens estavam boquiabertos. Não esperavam uma resposta daquele nível... Insistente, Marcos voltou à carga:

— Mas todo mundo tem uma religião...

— Bem, se isso o contenta, eu sou espírita...

— Chi! Piorou muito... Vai me dizer que você acredita nessas besteiras? - perguntou Marcos, com desdém.

— Você acha?

— Claro! Meu pai foi assistir a uma dessas "sessões" e me contou tudo. Que coisa mais ridícula... Ele diz que é tudo sugestão... Ou histeria... O cara que diz que é médium funga, bate na mesa, gesticula. Depois um tal de doutrinador ainda vem dizer que os espíritos vão amarrar o bagunceiro com correntes para obrigá-lo a ficar quieto... E as comunicações, então? "Eu estou sofrendo... Acho que ainda estou vivo... Estou encostado em fulano..." etc. etc. Aí, os doutrinadores também dizem sempre as mesmas coisas: "Meu irmão, você já morreu... Veja o quadro à sua frente... É o seu cadáver... Você precisa perdoar, mudar seu modo de sentir..." E logo o espírito chorava, quer dizer, o médium chorava, dizia-se arrependido, e retirava-se em companhia de algum "protetor". Alguém já viu coisa mais ridícula? Não é à toa que os católicos dizem que o Espiritismo é fábrica de loucos...

O rapaz estava excitado. Sabino deixou que terminasse o discurso, sem interrompê-lo, estampando no rosto um sorriso divertido. Caindo em si, Marcos parou de falar, meio sem graça.

— Desculpe, vovô. Eu não queria ofender a sua religião, mas o que meu pai me contou... É de lascar!

— Eu compreendo, compreendo... Mas é isso o que vocês entendem como Espiritismo?

— Ué! E não é? Pois está escrito na porta "Centro Espírita"...

— O que você relatou são **fenômenos**. Esses fenômenos são tão antigos quanto a própria humanidade. Existem por toda parte, em todas as crenças e religiões por esse mundo afora. Espiritismo é coisa bem diferente. É, ao mesmo tempo, uma ciência, uma filosofia e uma religião - não no sentido de igreja - mas como consequência moral de conhecimentos e provas fornecidas pela ciência.

— Como?

— Bem, se vocês quiserem, posso dar-lhes, aos poucos, se tiverem paciência, uma síntese dos ensinamentos codificados por Allan Kardec, em seus aspectos históricos, científicos, filosóficos e religiosos.

Os rapazes estavam aturdidos, mas já agora bastante interessados. Gustavo olhou o relógio e disse:

— Eu tenho que ir andando...

Olhou maliciosamente para os colegas e acrescentou:

— Tenho um encontro com uma gata... Mas olhe, vovô. A gente vai marcar um dia para continuar o papo.

— É isso aí - concordaram os outros. - A gente vai ver que dia é melhor para o "professor" continuar com as "aulas".

— Está bem! Mas não me chame de professor. Apenas de vovô... Gosto mais...

Marcos perguntou com evidente curiosidade:

— Você sabe das coisas... Qual era a sua profissão, antes de se aposentar?

— Fui químico industrial. Li, estudei, raciocinei e pesquisei muito. Hoje, o meu objetivo - a fim de não me tornar um velho enferrujado e rabugento - é ser útil aos jovens e às crianças, passando-lhes os conhecimentos e experiências adquiridos em setenta anos de vida, bem vividos... Sim, porque procurei não parar no tempo, nem me agarrar a velhos e arcaicos conceitos - como muitos idosos fazem. Temos que manter a mente aberta, procurando acompanhar a evolução e não ficar estagnado no passado, cientes de que aquilo que já foi considerado verdadeiro, poderá não o ser mais amanhã. É realmente excitante acompanhar a evolução do conhecimento humano... Dá um sabor especial à vida...

Os jovens despediram-se, impressionados com o velho Sabino, prometendo voltar num outro dia para continuar o debate iniciado.

2
Os fenômenos

GUSTAVO, GUMERCINDO, MARCOS E MAURÍCIO, impressionados com a exposição lógica do velhote - como o chamavam - não viam a hora de voltar para continuar a conversa. Na semana seguinte, num final de tarde, após as aulas, voltaram à praça. Sabino continuava lá.

— Boa tarde, vovô!

— Boa tarde, moçada bacana. Eu já estava imaginando que vocês não voltariam mais...

— Nada disso! - comentou Maurício. - A gente combinou que o melhor dia para levar o nosso papo é toda sexta-feira. Esse dia está bom para você? Nesta mesma hora?

— Está ótimo. Qualquer dia é bom para mim.

Gustavo adiantou-se:

— A gente não via a hora de voltar. Estamos muito interessados nas suas explicações.

— E qual será a "lição" de hoje? - perguntou Gumercindo.

— Bem, acho que devemos começar... pelo começo... para que vocês possam ter uma ideia global das coisas, para depois tirar suas conclusões. Vamos iniciar pela parte histórica do Espiritismo.

Os jovens sentaram-se no chão, à sua volta, e Sabino principiou a contar.

—Tudo começou em Hydesville, no estado de Nova York, nos Estados Unidos, em 1848. Nessa pequena vila morava a família Fox, composta de pai, mãe e duas filhas, Margarida e Catarina, com quatorze e onze anos de idade naquela época. A família Fox levava uma vida feliz e normal, trabalhando durante a semana e frequentando assiduamente a igreja, uma vez que eram protestantes. Certo dia, porém, tudo mudou. Estranhos ruídos começaram a abalar a humilde casa dos Fox. Eram batidas, estalos, aqui e ali. A princípio, eles pensaram tratar-se de brincadeiras de crianças, mas logo notaram que não era nada disso. As pancadas aumentaram de intensidade e frequência. As irmãs, que até já se haviam acostumado com os ruídos, observaram que parecia existir "alguém" desejando chamar-lhes a atenção e dizer alguma coisa.

— Que esquisito! - observou Marcos.

— Sim - prosseguiu Sabino. - Aí, Catarina, que gostava muito de brincar, propôs: "E se a gente brincasse, fingindo falar com as 'pancadas'? Acho que seria divertido. Vamos tentar?". "De que jeito?", perguntou Margarida, interessada. "Inventando um código. Por exemplo, uma pancada para significar 'sim' e duas para 'não' ". As irmãs tentaram. E não é que deu certo? Tinha-se a impressão de que as pancadas entenderam o que elas queriam, e responderam direitinho de acordo com o código estabelecido. Por exemplo: à pergunta "Você está aqui?", a resposta foi uma pancada forte e distinta. "Você não quer nos fazer o favor de ir embora, pois nos está perturbando com essa barulheira toda?" Ouviram-se duas pancadas.

— Credo! Estou até arrepiado! - comentou Marcos.

— As meninas correram para contar aos pais o que tinham descoberto. Eles se assustaram, achando que aquilo bem poderia ser obra do Demônio. Procuraram auxílio junto aos companheiros da sua igreja, mas nenhuma oração, nenhum culto especial realizado em favor da assustada família apresentou qualquer resultado. Começaram a achar, portanto, que não era o Demônio, pois senão ele já se teria retirado por efeito das orações. Além disso, os Fox eram pessoas tão honestas e corretas, que seria pouco provável que estivessem às voltas com investidas do Diabo. Quem sabe, não seria alguma "alma do outro mundo"? Organizaram, por fim, uma comissão de pessoas esclarecidas para verificar o que estava ocorrendo. Perceberam logo de saída, que os fatos eram autênticos, e não produto de fraudes. Elaboraram então um código, utilizando as letras do alfabeto: uma pancada para a letra "A", duas para a letra "B", e assim por diante. Desse modo, com muita paciência e lentidão, conseguiram entrar em contato com o "ser" que causava as pancadas. E ele contou que quando vivo fora um mascate (vendedor ambulante) chamado Charles Rosma. Hospedara-se, certo dia, com os antigos inquilinos daquela casa. Durante a noite, foi assassinado e toda a sua mercadoria roubada. Seu corpo foi enterrado ali mesmo, na própria casa. A comissão vasculhou tudo, escavou todo o quintal, mas não encontrou nada. Apenas mais tarde, quando a casa foi demolida, descobriu-se um esqueleto humano numa parede falsa da adega, comprovando-se, assim, a veracidade da história de Charles Rosma.

— Que coisa mais louca! Parece filme de terror! - observou Gustavo.

— Fique quieto, deixe o vovô falar! - protestou Marcos.

E Sabino prosseguiu:

— A possibilidade de "falar" com as pancadas provocadas por "almas do outro mundo", ou "espíritos", espalhou-se logo. Muita gente tentou entrar em contato com as tais "pancadas", apenas para se divertir. A maioria não acreditava muito nessa história de "espíritos". Como o magnetismo estava em moda naquela época, quase todos atribuíam a ele os fenômenos que estavam ocorrendo. Por isso, usavam uma mesa leve e colocavam as mãos sobre ela, com o intuito de "magnetizá-la". E dava certo! Colocando um alfabeto em redor dela, a mesa ia girando até parar numa determinada letra. Alguém ia anotando a letra, conseguindo-se, assim, formar palavras e frases. O processo era lento, mas divertido, de forma que tal prática tornou-se um passatempo para muitas famílias, nos finais de semana, até porque não existiam ainda o rádio, nem a televisão... E logo a notícia desses fatos chegou à Europa, especialmente a Paris, onde as pessoas também passaram a se dedicar a essa brincadeira.

— Até que devia ser interessante mesmo - disse Gumercindo. - Embora dê um pouco de medo...

— Nessa ocasião, vivia em Paris um professor, de cinquenta anos de idade, chamado Hippolyte Léon Denizard Rivail, casado com uma professora, Amèlie Boudet. Rivail era uma pessoa sensata e inteligente, muito respeitado nos meios educacionais de Paris, uma vez que fora discípulo do célebre pedagogo suíço Pestalozzi e introdutor de seu método de ensino na França. Era também diretor de uma escola, o Instituto Técnico, em Paris. Em 1854, um seu amigo, o Sr. Fortier, falou-lhe com entusiasmo sobre a novidade das "mesas girantes". Mas o professor Rivail, homem afeito aos conhecimentos e métodos científicos, não se deixou convencer, para decepção do amigo. Cerca de um ano depois, um outro amigo relatou-lhe experiências semelhantes, afirmando, contudo, que se tratava de "almas dos mortos" que se comunicavam. Aí, a incredulidade do professor aumentou ainda mais! Mas, por fim, apenas para ser gentil com os amigos, acabou comparecendo a uma dessas sessões, na casa de uma sensitiva, Sra. Roger. Rivail portou-se como um investigador, examinando atentamente tudo o que estava acontecendo, verificando sobretudo se não havia algum prestidigitador entre os presentes, ou se os fatos não eram decorrentes de algum tipo de fraude. Verificou que não eram... E, por fim, tudo funcionou direitinho: a mesa rodava rapidamente, parava nesta ou naquela letra do alfabeto, formando as palavras e frases. O professor ficou aturdido! A coisa era real... Mas como é que pode? Madeira não fala... Lembrou-se do caso de Hydesville... Charles Rosma... Um espírito? Seria isso? E foi para casa bastante pensativo...

— Que coisa interessante! Eu não sabia nada disso - disse Marcos.

— Mas eu sempre ouvi dizer que o criador do Espiritismo foi Allan Kardec. Quem é esse professor Rivail? - perguntou Gustavo.

— Pois o professor Rivail e Allan Kardec são a mesma pessoa. Mais adiante vocês vão entender. Mas não é correto dizer que Allan Kardec foi o "inventor" do Espiritismo. Ele foi, na verdade, o "codificador" dos ensinos ditados pelos Espíritos.

— É pena, vovô, mas precisamos ir. O papo estava bem legal - comentou Maurício.

Os jovens levantaram-se do chão, despediram-se prometendo voltar na sexta-feira seguinte, e afastaram-se comentando animadamente entre si as coisas que tinham acabado de ouvir.

3
A codificação

DUAS SEMANAS APÓS o primeiro encontro com Sabino, o grupo voltou, agora aumentado por mais duas jovens.

— Oi, vovô, boa tarde!

— Boa tarde, Gumercindo. Tudo bem com vocês, rapazes?

— Tudo legal! Olhe, minha garota, a Vera, e a Zezé, namorada do Gustavo, resolveram nos acompanhar. Elas estão muito interessadas.

— Sejam bem-vindas, filhas.

— O senhor vai continuar hoje a história do Espiritismo, vovô?

— Sim, Marcos. Hoje vamos falar sobre a codificação.

Os jovens acomodaram-se como de costume; as moças sentaram-se no banco, ao lado de Sabino e os rapazes no chão.

— Vocês colocaram Vera e Zezé a par do que já lhes contei?

— Sim, vovô. Elas estão por dentro do assunto, pois nós já contamos tudo, tim-tim por tim-tim. Nem queira saber como elas são curiosas... Como todas a mulheres, né...

— É, a gente está mesmo muito interessada, vovô. Sabe, uma vez fizemos uma brincadeira com os copinhos... A gente se sentou em volta de uma mesa com o copinho no meio. De repente, ele começou a andar sem que ninguém nele tocasse, parando ora perto de mim, ora perto da outra colega... Quase morremos de medo e paramos, que a coisa estava ficando séria...

— Realmente, Vera, enquanto existirem criaturas humanas, existirá o fenômeno...

— Quer dizer que eram mesmo "espíritos" que movimentavam o copo? - perguntou Zezé, meio assustada.

— Sim. Sem dúvida.

— Ih! Eu morro de medo de espíritos e assombrações...

— Você vai perder esse medo, Zezé, e vai aprender a encarar isso como a coisa mais natural do mundo.

— Será mesmo?

— Claro! Eu vou explicar tudo muito bem explicadinho. Você vai compreender e deixar de ter medo de "almas do outro mundo".

— Você quer fazer o favor de parar de falar e deixar o vovô começar?

— Sem essa, Gustavo! Eu também tenho o direito de perguntar, e não só vocês, machões...

— Calma, moçada! Deixem as brigas para depois. Vamos começar a falar sobre a codificação do Espiritismo.

— Pra começar, que história é essa de codificação? - perguntou Marcos.

— Para simplificar, vamos aceitar que codificar é organizar... Pois foi isso que o professor Rivail fez. Ou seja, organizou uma série de conhecimentos que estavam dispersos, de modo que ganhassem a condição de uma doutrina. Vamos ver como é que isso foi feito. Antes de mais nada, é bom saber que Rivail era uma pessoa que não se deixava impressionar por qualquer novidade que aparecesse. Não que fosse um homem frio e insensível. Pelo contrário, ele era também jovial e alegre com os seus amigos. Mas, quando se tratava de assuntos sérios, era extremamente rigoroso, não aceitando as coisas assim sem mais nem menos... Ele deve ser um exemplo para todos nós: jamais devemos nos deixar envolver ou sugestionar pelo "papo" desta ou daquela pessoa que diz ter visto ou ouvido algo "maravilhoso". E isso em qualquer campo da atividade humana... Devemos usar sempre, como ele, o bom-senso e examinar as coisas com a cabeça fria e a razão imparcial.

— É vovô, mas a gente percebe que as pessoas nem sempre agem assim - disse Marcos. - Parece que todo mundo gosta de coisas "misteriosas".

— Você tem razão... Mas, vamos em frente. Como o professor Rivail havia percebido que, por trás daqueles fenômenos, havia bem mais do que simples passatempo, ele resolveu estudar aquilo a fundo, armado com o seu proverbial bom-senso. Aliás, ele é conhecido nos meios espíritas como "o bom-senso encarnado"... Por essa época, o Sr. Carlotti e seus amigos já tinham cerca de cinquenta cadernos com registros das comunicações recebidas. Mas estava tudo uma bagunça... Nada fazia sentido.

— Parecido com os nossos cadernos de escola... - brincou Marcos. - É uma bagunça só...

Todos riram. Sabino prosseguiu:

— Pediram então ao professor Rivail que "desse um jeito" naquela confusão. Mas ele não se sentiu muito animado a executar uma tarefa tão grandiosa... Faria quando tivesse tempo... Nessa época, ele passou a frequentar esporadicamente as sessões realizadas na casa do Sr. Baudin. Certa noite, Rivail recebeu uma comunicação bastante pessoal. Um espírito contou-lhe que haviam sido amigos anteriormente, em outra encarnação, quando tinham vivido nas Gálias, no tempo dos druidas. Naquela ocasião, o atual prof. Rivail se chamava Allan Kardec, nome que adotou mais tarde para assinar os livros espíritas que publicou. O espírito o alertou, ainda, que a ele, Rivail, estava reservada uma missão muito importante. E também que as comunicações não tinham o propósito de divertir, mas eram coisa muito mais séria, pois através delas novos conhecimentos iriam enriquecer a mente humana. Advertiu também que o seu trabalho seria árduo e ingrato. Que a luta seria grande, que ele seria combatido, pois toda inovação sempre entra em choque com as forças conservadoras e os interesses das classes que detêm nas mãos o poder de guiar o povo ignorante. Mas garantiu, por fim, que ele seria sempre auxiliado pelos seus amigos espirituais.

Sabino fez uma pequena pausa, observando o olhar atento dos jovens. Depois, prosseguiu:

— Impressionado, Kardec, que já havia percebido que havia algo mais naquelas mensagens, resolveu pôr mãos à obra. Retirou os cadernos da estante e passou a estudá-los atentamente. Verificou que havia muitas lacunas, muita coisa truncada e sem nexo. Apesar disso, procurou organizar tudo da melhor forma possível. A partir daí, as sessões na casa do Sr. Baudin mudaram completamente de objetivo. Não eram mais questões fúteis e respostas igualmente inconsequentes. Kardec passou a formular perguntas destinadas a obter as respostas capazes de dar nexo às anotações dos cadernos. Depois de muito trabalho, ele afinal conseguiu sistematizar aquelas informações todas. E percebeu, ao relê-las, que a sua essência era muito profunda, que continha uma filosofia capaz de abrir um novo e vasto campo a pesquisas absolutamente revolucionárias.

Sabino fez uma outra pausa. Respirou fundo e continuou:

— Mas Rivail, ou Allan Kardec, como queiram, não aceitava nada que não fosse absolutamente comprovado. Assim, passou a frequentar sessões na casa do Sr. Roustan, nas quais a médium obtinha comunicações através de uma cesta com um lápis amarrado num bico, que escrevia no papel. Pediu então aos espíritos que revisassem o seu trabalho, para ver se as respostas **daqueles** espíritos "batiam" com o que os outros haviam dito. Não contente com isso, toda vez que se oferecia uma oportunidade, ele fazia as mesmas perguntas em reuniões diferentes, com médiuns diferentes, para verificar se as respostas eram coincidentes. Por fim, todo esse material, analisado e comprovado, foi sistematizado em forma de perguntas e respostas, dando origem ao livro inaugural do Espiritismo, publicado em 18 de abril de 1857, sob o título de *O Livro dos Espíritos*. Seguindo esse mesmo método, ou seja, o de pesquisar e analisar cuidadosamente as coisas, Kardec publicou, em 1861, *O Livro dos Médiuns*, tratando da parte experimental e científica da nova doutrina, à qual ele deu o nome de "Espiritismo", para diferenciá-la de outras correntes, genericamente chamadas de "espiritualismo". Em 1864, lançou *O Evangelho segundo o Espiritismo*, abordando a parte moral, os ensinamentos de Jesus, sem os dogmas e misticismos igrejeiros. Em 1865 e 1868 publicou os livros *O Céu e o Inferno* e *A Gênese, os Milagres e as Predições*, com o mesmo objetivo.

— A palavra Espiritismo não existia então? - perguntou Marcos.

— Na verdade, não. Foi Allan Kardec quem a criou. Aliás, ele tinha uma preocupação muito grande com a questão das palavras, porque sabia que palavras mal empregadas podem ser fonte de grandes confusões... Mas, vamos prosseguir... Em 1858 ele fundou a Sociedade Parisiense de Estudos Espíritas, onde se faziam sérias pesquisas dos fenômenos espíritas. Além disso, fez muitas viagens a diversas cidades, incluindo sua cidade natal, Lyon, aproveitando essas ocasiões para orientar os grupos interessados no estudo do Espiritismo, registrando e investigando os fenômenos que ocorressem por onde passava. O materialismo, o misticismo, os dogmas, os mitos e as superstições recebiam um duro golpe. Estava provada a realidade e a sobrevivência da alma humana e a existência de um mundo em outra dimensão, como se diz atualmente, invisível aos nossos olhos materiais, mas real, dinâmico e cheio de vida. E provada também a possibilidade de intercâmbio entre esses dois planos da vida, o visível e o invisível. Após uma vida de lutas, pois foi acerbamente atacado e combatido por muitos adversários, apesar de amado e admirado por uma legião de seguidores, Kardec faleceu - desencarnou, como dizemos nós, os espíritas - em 31 de março de 1869, aos sessenta e cinco anos de idade. Sua viúva, Amèlie Boudet doou à editora todos os apontamentos de Kardec ainda inéditos, os quais, reunidos em livro, foram publicados com o título de *Obras Póstumas*.

— Puxa! A Igreja deve ter "ficado uma arara" com Kardec, não? - observou Gustavo.

— Não só a Igreja, mas muitos homens considerados cultos, filósofos e cientistas, que, apesar de deterem vastos conhecimentos, tinham as mentes condicionadas pelo materialismo mais estreito, não conseguindo ir além daquilo que consideravam a "única verdade".

— Pô! A gente gostaria muito de saber quais eram esses ensinos tão revolucionários - comentou Vera.

— E qual a reação dos sabichões da época? Alguém mais além de Kardec fez pesquisas e estudos? - perguntou Marcos.

— Sim, muitas outras pessoas também estudaram esses fatos. Muitos tinham, até, a princípio, a intenção de "desmascarar" as mentiras do Espiritismo... Mas, como se diz, "caíram do cavalo", pois os fatos eram autênticos. E tiveram que se curvar ante a clareza dos fenômenos comprovados cientificamente.

Maurício levantou-se, sendo acompanhado pelos companheiros.

— Gente, tá na hora de ir embora. E depois, o vovô está cansado, né? Falou muito hoje, o coitado...

— Não seja por isso... Eu tenho disposição e tempo de sobra para descansar. Mas vocês são jovens e devem ter outras coisas para fazer... Vão com Deus... E bom fim de semana.

— Na próxima sexta, a gente estará de volta, vovô. Prepare-se...

O grupo retirou-se como um bando de pardais, rindo e brincando alegremente, enquanto teciam comentários sobre o que tinham acabado de aprender.

4
A repercussão da codificação

NOVAMENTE, OS JOVENS estavam ao lado do velho Sabino. Era uma tarde quente de uma sexta-feira de abril. Havia no ar uma suave brisa a balançar mansamente as folhas das árvores e dos arbustos da praça, conduzindo ao longe o chiar das cigarras anunciando o fim do dia. Os moços chegaram meio afogueados e esbaforidos, pois tinham vindo a toda pressa.

— Ufa, vovô! Que calor! A gente se atrasou um pouco porque o professor ficou conversando conosco após a aula - comentou Gustavo.

— Boa tarde, jovens. De fato, está muito quente para esta época do ano. Quanto ao atraso, não se preocupem - respondeu Sabino, com bonomia. - Isto aqui não é uma escola formal, com rígidos horários e regulamentos. Somos uma roda de amigos dispostos a trocar ideias...

— Mas mesmo assim, se a gente se atrasa, sobra menos tempo para o bate-papo. E não acho que estejamos "trocando ideias"... Nós só aprendemos, não ensinamos nada...

— Não é bem assim, Gustavo - ponderou Sabino. - Sempre aprendemos alguma coisa quando tentamos ensinar... A luz que projetamos para os outros também nos ilumina...

— Vovô, vamos em frente? - sugeriu Vera.

— É claro! Sem mais tardanças, vamos analisar agora o que aconteceu, qual foi a repercussão que teve nos meios culturais e científicos o trabalho de Kardec. A princípio, como seria de se esperar, a doutrina espírita despertou grande curiosidade entre pessoas das mais diversas classes, uma vez que, como Kardec era uma pessoa conhecida e respeitada nos meios educacionais franceses, muitos quiseram saber a que conclusões ele havia chegado após estudar as tais "mesas girantes". É interessante lembrar que o primeiro livro de Kardec foi *O Livro dos Espíritos*, contendo como que um resumo básico de toda a doutrina. A obra despertou polêmicas e alcançou algum sucesso, encontrando, como qualquer ideia nova, adeptos entusiastas e detratores radicais. O mesmo aconteceu com a segunda obra, *O Livro dos Médiuns*, publicado alguns anos mais tarde. Mas a grande "encrenca" começou com o lançamento de *O Evangelho segundo o Espiritismo* (que naquela época se chamava apenas *Imitação do Evangelho*). A Igreja, até então não tinha feito grandes objeções ao Espiritismo. Segundo consta, alguns religiosos até chegaram a estudar o assunto com grande interesse. Mas com o lançamento de *O Evangelho*, as coisas se complicaram, pois a Igreja se sentiu ameaçada, temendo que a nova doutrina "invadisse a sua seara", para usar um termo meio "evangélico"...

— Era mesmo de se esperar isso dos padres - comentou Marcos.

— Pois é - continuou Sabino. - E a reação foi feroz, com o clero manifestando-se energicamente contrário à nova doutrina, combatendo-a com toda a violência, em discursos e sermões inflamados. "É coisa do Demônio", diziam. E ameaçavam com o "fogo do inferno" quem se deixasse seduzir por aquelas "heresias"... Na Espanha, chegaram a queimar livros espíritas em praça pública, em "autos de fé", como se estivessem ainda nos tempos da Inquisição. Com relação às igrejas reformadas, ou protestantes, as coisas não foram muito diferentes. "É pecado!", bradavam. "Esses ensinos são condenados pela Bíblia Sagrada" "É o Demônio que está tentando manhosamente desviar os crentes do caminho da salvação, para precipitá-los no inferno!"

— Mas por que tanta "birra" com o Espiritismo? - perguntou Gumercindo.

— É uma boa pergunta - continuou Sabino. - A questão central, no duro mesmo, é que se tratava de uma doutrina simples, racional, sem rituais, sem sacerdotes, vejam bem, sem sacerdotes, sem padres... Uma doutrina que libertava a criatura humana da escravidão do medo do inferno, do pecado, dos castigos, das excomunhões, dos dogmas obscuros e inexplicáveis.

— E isso era mau? - perguntou Vera. - Eu acho isso muito bom...

— Era péssimo para as organizações religiosas, que exploravam os medos que elas mesmas incutiam nas pessoas, inventando toda uma plêiade de "pecados" para poderem vender os "perdões"... Com as novas ideias, elas poderiam perder o rico filão de cobrar pelos seus serviços de "corretores" da salvação...

— Essa é boa, vovô! - comentou Marcos.

— É apenas a verdade, Marcos.

— E as outras pessoas, os cientistas, por exemplo, como se colocaram, vovô? - perguntou Gustavo.

— Bem, nesse tempo, como acho que até agora, a maioria dos cientistas era materialista, não aceitando a ideia de que pudesse existir algo além da "boa e indestrutível matéria". Assim, não é de se admirar que muitos desses "sábios" tenham se colocado contrários à nova doutrina, encarando-a como crendice resultante da crassa estupidez da plebe ignorante. Jagot e Charcot chegaram a afirmar que os fenômenos espíritas eram produto da histeria e autossugestão dos médiuns, todos eles uns psicopatas em potencial... Vivia, nessa época, na Inglaterra, um grande cientista chamado William Crookes, respeitadíssimo por suas descobertas, a ponto de ser agraciado com o título de "cavaleiro" pela rainha Vitória e, mais tarde, com o Prêmio Nobel de Física, além de ser reconhecido pela sua integridade e retidão de caráter. Pois foi justamente esse grande cientista que se propôs a estudar os fenômenos espíritas, para "desmascarar de uma vez por todas as mentiras do Espiritismo", como chegaram a dizer os jornais da época. Depois de ler atentamente tudo o que se havia escrito sobre o assunto, iniciou suas experiências com duas pessoas que lhe foram apresentadas: Daniel Dunglas Home e Florence Cook, uma jovem de apenas quinze anos de idade. O senhor Home, entre outras coisas, tinha fama de ser capaz de "levitar", isto é, flutuar, elevar-se do solo sem nenhum apoio.

— Que coisa maluca, vovô! - exclamou Vera.

— E as experiências deram certo? - perguntou Marcos.

Sabino fez uma pequena pausa, para provocar um certo suspense, antes de responder.

— Na verdade, as pesquisas foram um fracasso total.

— Eu logo vi - disse Vera. - Era muita maluquice imaginar que alguém pudesse "voar"...

— Não, Vera. As experiências fracassaram justamente porque comprovaram que os fenômenos eram autênticos.

— Como assim?

— Ué? Eu não disse que a intenção desse pessoal era desmascarar as mentiras do Espiritismo?... Então, para eles, as pesquisas deram um resultado muito errado... Pois o senhor Home foi visto saindo por uma janela da sala, dando uma volta por fora e entrando por outra janela! Na presença de inúmeras testemunhas...

— Incrível! - exclamou Maurício. - Essa eu queria ver...

— E também muito incríveis foram os fenômenos produzidos pela senhorita Florence Cook - prosseguiu Sabino. - Através dela, aconteciam o que chamamos de "materializações" de espíritos, ocorrências em que as entidades se tornam visíveis.

— Não é a isso que chamam de vidência, vovô?

— Não, Marcos. Vidência é um tipo de mediunidade, ou seja, só o médium vê o espírito. As pessoas "comuns" não veem. No caso de Florence, todos os participantes da sessão podiam vê-lo e até, em alguns casos, tocá-lo, fotografá-lo, e assim por diante. O Espírito que mais participou dessas sessões apresentava-se com o nome de Katie King. Há um livro muito interessante, chamado *Fatos Espíritas*, que narra em pormenores as experiências de Crookes com a médium Florence Cook.

— Quer dizer que era tudo verdade, então?

— Sim, Marcos. Crookes utilizou nas pesquisas todo o seu conhecimento científico, usou de todos os recursos que ele conseguiu imaginar para certificar-se de que não se tratava de truques, como esses que os mágicos fazem. E, o mais importante de tudo, o que mais uma vez comprova a retidão de caráter e a honestidade intelectual desse grande cientista: ele teve a coragem de vir a público e afirmar, alto e em bom som, que os fenômenos eram verdadeiros! Gente, foi um "deus-nos-acuda"! Os meios científicos da Inglaterra ficaram em polvorosa! "Onde é que já se viu um cientista ser 'embrulhado' pelos espíritas!", bradavam os retrógrados de sempre. Crookes desceu imediatamente da condição de grande homem da ciência para a condição de um pobre tolo, que, ingenuamente, se deixara enganar pela charlatanice dos supostos médiuns.

— Que coisa! Mas Crookes não tinha provas? Testemunhas?

— Tinha até fotografias, Vera. Mas não adiantou nada! É impossível convencer os que não querem acreditar. Mas, aí é que entra o que eu considero o grande mérito de Crookes. Embora combatido, até insultado pelos seus colegas, ele jamais recuou um milímetro de suas posições. Afinal, ele falava do que sabia, do que tinha visto, do que tinha experimentado, enquanto os outros falavam com base no... nada! Ou seja, simplesmente refutavam o que não conheciam.

— E mais gente importante estudou o Espiritismo, vovô? - perguntou Gustavo.

— Sem dúvida. Até sir Arthur Conan Doyle se tornou espírita convicto.

— E quem é esse cara?

— Você não o conhece, Marcos? Já ouviu falar no Sherlock Holmes?

— Claro que já!

— Conan Doyle foi o escritor que criou esse célebre personagem, protagonista de centenas de contos, extremamente populares, lidos e relidos até hoje. Pois esse autor tão famoso também se interessou pelo Espiritismo, como eu disse, tornando-se um divulgador entusiasta da nova doutrina. Mas muitos outros fizeram a mesma coisa. Só para citar alguns, podemos falar dos franceses Camille Flammarion, astrônomo; de Gabriel Delanne, engenheiro eletricista, Léon Denis, autodidata que se impôs como conferencista e escritor de renome; Gustave Geley, médico e diretor do Instituto Metapsíquico de Paris; Charles Richet, que foi o fundador desse instituto. Na Itália, Ernesto Bozzano, cientista eclético, estudioso de assuntos psicológicos, astronômicos, e outros; Cesar Lombroso, médico neurologista. Na Alemanha, Friedrich Zöllner, físico e astrônomo; na Rússia, Alexandre Aksakoff...

— Chega, vovô! - exclamou Marcos. - Já dá para ver que foram mesmo muitos os cientistas que se interessaram pela coisa...

— Que interessante - disse Zezé. - Eu não fazia ideia de que tanta gente importante tivesse estudado o Espiritismo. Eu sempre achei que isso era coisa de gente meio ignorante...

— É, Zezé. Muita gente não sabe nada disso, mesmo. Até entre os próprios espíritas, são poucos os que já leram algum livro de Aksakoff, Bozzano, Delanne...

— A gente tinha uma ideia muito errada a respeito do Espiritismo, pois não se sabia nada disso...

Gustavo olhou o relógio.

— Opa! Tá na hora de a gente ir andando. Já é tarde e hoje à noite vamos a uma discoteca para chacoalhar um pouco o esqueleto. Quer ir conosco, vovô? - perguntou ele, zombeteiro.

— Deixe de gozação, Gustavo. Se eu fosse com vocês, meus velhos ossos sairiam todos do lugar e eu voltaria para casa todo desconjuntado... Na minha idade, o melhor mesmo é chacoalhar o esqueleto numa boa cama.

— Tá bom, vovô. A gente só estava brincando. Tchau!

— Bom divertimento moçada!

Os jovens se retiraram rapidamente, enquanto Sabino os acompanhava com um olhar algo nostálgico, lembrando, com uma vaga e indefinida saudade, que também já fora jovem...

5
Objetivos do Espiritismo - As revelações

NA SEMANA SEGUINTE, os jovens voltaram à praça, alegres e despreocupados como sempre. Sabino os esperava.

— Oi, vovô! Tudo joia?

— Tudo legal! E vocês, como passaram a semana? Estudando muito?

Os rapazes se entreolharam, sorrindo.

— Nem tanto assim, vovô - respondeu Gumercindo. - A gente não é lá de se matar muito... As meninas é que se esforçam mais...

— Sabe, vovô, a gente está cada vez mais interessado nas suas "aulas". Elas têm dado muito o que pensar - disse Marcos.

— Isso é muito bom. Significa que, "numa boa", vocês estão entrando na "era da reflexão"...

— Será mesmo?

— Claro. Antigamente, como até agora, o que contava, o que tinha valor era a coragem, a conquista das coisas pela força bruta. As pessoas, sobretudo os jovens, eram valorizados pela sua disposição "bélica". Esperamos que isso possa mudar, na medida em que as pessoas se tornem mais esclarecidas quanto aos outros valores da vida. Quem sabe ainda cheguemos à "era da sensibilidade"...

— E qual vai ser o assunto de hoje? - perguntou Vera.

— Bem, hoje pretendo falar sobre um assunto que ainda é bastante desconhecido, até mesmo pelos seus próprios adeptos: os objetivos do Espiritismo. Um grande escritor e jornalista espírita, José

Herculano Pires, chegou a referir-se ao Espiritismo como "o grande desconhecido", título, aliás, de um de seus livros. Mesmo para os espíritas - talvez a maioria - a finalidade do Espiritismo é "conversar com os mortos"... Muitos ainda confundem a doutrina com os fenômenos. É fácil verificar como são populares as sessões públicas em que se fazem as chamadas "consultas espirituais", ou se recebem mensagens de caráter "pessoal". Imagina-se que, com essas práticas, estejam "esclarecendo" as pessoas, tanto as desencarnadas como as que estão ainda entre nós. Isso me lembra a parábola do rico e Lázaro. Vocês a conhecem?

— Não - responderam todos.

— Como se sabe, Jesus usava muito o recurso de ensinar através de parábolas, pequenas histórias que ele criava para explicar as suas máximas e preceitos. A do rico e Lázaro está no Evangelho de Lucas, capítulo XVI, versículos 19 e seguintes.

— Puxa, vovô! Você tem tudo isso na cabeça? Número de capítulo, versículos? - perguntou Zezé, admirada.

— É a prática, Zezé. É claro que eu não me lembro de tudo. Apenas das passagens mais marcantes. Bem, a história é a seguinte: Lázaro era um mendigo que vivia à porta de um homem rico, de quem aproveitava as migalhas. Após certo tempo, morreram ambos. Lázaro foi para o "seio de Abraão", para o céu, como se diria hoje entre nós, e o rico foi para o Hades, ou para o inferno. Como o rico tinha cinco irmãos ainda vivos, ele pediu a Abraão que Lázaro voltasse à Terra para alertá-los dos riscos que corriam, de modo que se convertessem e não viessem a cair também nos tormentos pelos quais ele, o rico, passava. Mas Abraão alegou que eles já tinham Moisés e todos os outros profetas, de forma que lhes bastaria ouvi-los para que se salvassem. Mas o rico argumentou que o testemunho dado por um dos mortos ressuscitados seria muito mais forte, mais convincente. Abraão não concordou, dizendo que se eles não ouviam a Moisés e aos profetas, tampouco acreditariam, ainda que um morto se lhes aparecesse ressuscitado. Estas palavras de Jesus encerram um ensinamento profundo que nem todos compreendem. É difícil imaginar que um espírito, desencarnado ou não, condicionado a uma vida de gozos materiais e, portanto, com a mente fechada para os preceitos morais contidos nos evangelhos - que ele muitas vezes conhece mas ignora propositadamente - venha a modificar-se radicalmente apenas por ouvir conselhos ou exortações de um "doutrinador", no caso de um desencarnado, ou só por "bater papo" com algum espírito, no caso de pessoas encarnadas. Só o tempo poderá alterar a atitude mental da criatura perturbada e infeliz...

— Então as tais sessões de mesa são inúteis? - perguntou Marcos.

— É claro que não. Apenas não devemos esperar que elas produzam milagres. E desde que a prática espírita não se resuma nisso... A verdade é que o intercâmbio entre os vivos e os chamados "mortos" sempre existiu, desde a vida tribal das comunidades primitivas até a vida moderna dos nossos dias. O homem, despido do corpo físico, continua o mesmo de sempre. Continua amando e odiando; continua ligado emocionalmente ao ambiente familiar; continua a cultivar as amizades e antipatias de sempre. Assim sendo, é natural que procure comunicar-se com aqueles que ama ou que estima.

— Mas todos os espíritos se comunicam?

— Nem sempre isso é possível, Marcos. Os homens ainda "vestidos" pelo corpo físico em geral não são capazes de captar as comunicações dos desencarnados, por serem insensíveis a essas "vibrações".

— Que vibrações são essas? - interrompeu Zezé. - Seriam vibrações elétricas? Magnéticas? Ou o quê?

— Poderíamos considerá-las como sendo "energéticas". A experiência demonstra que os nossos pensamentos não são coisas abstratas, como sempre se supôs, mas sim emanações de energias produzidas pelo nosso espírito, ocorrendo tanto enquanto estamos encarnados como depois do desencarne. A natureza dessas "vibrações" ainda não pôde ser determinada pela ciência atual, mas elas são bastante "concretas" do ponto de vista espiritual. O homem encarnado, como eu disse, geralmente não consegue captá-las, a não ser que apresente um certo grau de sensibilidade para elas. Às vezes, elas são percebidas de uma forma muito sutil, quase sempre como "intuições", "inspirações", aquelas "ideias brilhantes" que parecem surgir do nada... Mas existem pessoas que possuem essa sensibilidade em alto grau...

— Já sei! - exclamou Vera. - São os médiuns...

— Pô, não interrompa o vovô, tá? - protestou Maurício.

— Calma, Maurício. Essas manifestações são válidas, pois demonstram interesse. De fato, Vera, nós as chamamos de médiuns. Mas em outros tempos e em outros lugares elas eram conhecidas por outros nomes: magos, profetas, pitonisas, pajés etc.

— Os profetas eram médiuns? - perguntou Zezé, meio perplexa.

— Sim. Todas as religiões os reconhecem no mínimo como seres "inspirados por Deus". Mas, na verdade, são apenas pessoas dotadas de sensibilidade para perceber as tais "vibrações" oriundas de outros planos da vida e, portanto, aptas a receberem as comunicações dos espíritos, seja de forma velada, como as intuições e inspirações, seja de uma forma mais ostensiva, como ocorre com muitos médiuns que recebem mensagens claras, através da palavra falada ou escrita. Mas, voltando ao que nos interessa, o certo é que os médiuns são como "carteiros", ou melhor, mensageiros, que recebem os "recados" dos do lado de lá e os transmitem aos do lado de cá... Então, as sessões práticas nada mais são do que "troca de correspondência" entre os dois planos da vida, o que pode contribuir para o aprimoramento de toda a comunidade espiritual, encarnada e desencarnada. E, aqui, chegamos a um ponto chave do nosso assunto, ou seja, as "revelações". Entre os espíritos desencarnados, existem criaturas dotadas de vastos conhecimentos e que tentam transmiti-los, com o intuito de esclarecer-nos a respeito das questões que tanto têm inquietado o ser humano através dos tempos: os problemas do ser, do destino e da dor. Por outro lado, existem, entre os encarnados, pessoas capazes de orientar os nossos irmãos desencarnados que se debatem em dificuldades, atormentados por remorsos, sentimentos de culpa e, sobretudo, angustiados pelo estado de confusão mental em que se descobrem após a desencarnação. Em muitos casos, os desencarnados nem mesmo são capazes de perceber que já "morreram"...

— Que coisa estranha! - exclamou Gustavo. - Como é que pode?

— Não é difícil entender, Gustavo. Logo após a desencarnação, ocorre um estado de confusão, de torpor, do qual o espírito demora a despertar. Uns demoram pouco, outros quase nada, mas muitos chegam a demorar meses, até anos. E quando "acordam", o que sentem? Quase sempre as mesmas coisas que sentiam antes de "morrer": dores, aflições, preocupações, tudo... E o que qualquer um pensaria nesses casos? Que ainda está vivo, pois os problemas não desapareceram...

— E como é que se faz para "esclarecê-los"? Deve ser difícil...

— De fato, Vera, não é um trabalho fácil. Por isso a pessoa encarregada de dirigir esses trabalhos precisa ter algumas qualificações. Em primeiro lugar, um bom conhecimento doutrinário, para compreender corretamente os fatos e, ainda mais importante, muito amor e humildade para acolher e orientar os necessitados com o mais puro espírito de fraternidade, conduzindo os trabalhos baseado nas máximas do Cristo, ou seja, baseado no amor irrestrito e incondicional pelos nossos semelhantes.

— E as revelações? - perguntou Marcos.

— Bem, vamos a elas. Como eu disse, há espíritos desencarnados que possuem elevado grau de conhecimentos, alto grau de desenvolvimento moral e intelectual, e, são, portanto, plenamente capacitados para nos "revelar" as coisas relativas ao mundo espiritual, às questões de nossa origem, de nossa criação, do nosso "destino", da nossa conduta neste mundo e suas consequências para o nosso futuro, e assim por diante. Como eu já disse, todas essas questões que têm sido a preocupação dos filósofos, dos teólogos, de todo mundo, enfim.

— Mas isso já não foi feito antes? - questionou Marcos.

— É claro que sim. Em todos os povos, em todos os tempos, existiram profetas e iniciados que tentaram introduzir novos conceitos e normas morais para o aperfeiçoamento da criatura humana. Confúcio, Maomé, Buda, e tantos outros, eram pessoas dotadas de apurada sensibilidade e que, por isso, recebiam e transmitiam parcelas da Verdade. O próprio Cristo também se inclui nessa lista... Ele nos legou uma síntese da Verdade, naturalmente adaptada aos limitados conhecimentos e à rudimentar capacidade de compreensão do povo daquela época. Como vocês podem perceber, a Verdade nunca é total, completa, monolítica, mas sim progressiva, revelada aos poucos, em pequenas doses, como bebês que vão sendo desmamados aos poucos, até se adaptarem a uma alimentação mais sólida.

— Mas parece que as religiões não pensam assim, argumentou Marcos. - Pelo que sei, elas dizem que o que está na Bíblia é a palavra de Deus, e ponto final. Fora dali, o resto está tudo errado...

— Você tem razão, Marcos. Mas basta ler os Evangelhos com um pouco mais de atenção para perceber que não é bem assim. Em várias passagens, Jesus comenta que ainda tinha muitas outras coisas para ensinar, mas nem mesmo os seus discípulos mais próximos eram capazes de entender e assimilar. Tanto que ele prometeu que rogaria ao Pai para que nos mandasse um "consolador" - o Espírito de Verdade - para relembrar as coisas que ele estava ensinando e nos trazer os esclarecimentos "faltantes"... Muitos julgam que o Espírito de Verdade seria uma entidade espiritual, isto é, um determinado espírito individual, ou até mesmo um conjunto de espíritos evoluídos. Mas talvez se possa considerar que essa figura representa o **processo** de revelações, no qual novos conhecimentos vêm sendo apresentados de forma gradual e progressiva, sempre acompanhando o desabrochar do discernimento humano, ou seja, sempre de acordo com a capacidade de assimilação vigente em cada momento. E essas novas revelações têm o efeito de derrubar velhos conceitos, tidos até então como "verdades absolutas". Não sem enfrentar férreas resistências, no entanto. Basta recordar o sistema "geocêntrico", defendido pela Igreja como verdade incontestável, ao ser confrontado com o sistema "heliocêntrico" proposto por Copérnico, que só pôde ser publicado após a morte do seu autor. Ou Galileu, que comprovou, através de observações, que a Terra girava em torno do sol e foi obrigado a se desdizer, sob ameaça de ser levado à fogueira... A verdade, contudo, mais cedo ou mais tarde, acaba sempre por prevalecer...

— E tem que ser assim, vovô? - perguntou Vera. - Por que já não ensinaram tudo desde o começo?

— O excesso de luz ofusca em vez de iluminar. As verdades vêm sendo reveladas aos poucos para que o homem possa assimilá-las, como uma pessoa, que tendo ficado por muito tempo na escuridão, precisa ir-se acostumando aos poucos com a luminosidade do sol. Nada pode vir antes do tempo. O Espiritismo, como movimento e doutrina, surgiu no século XIX porque a espiritualidade entendeu que a humanidade estava apta para receber mais uma dose de revelações, novos conceitos destinados a tentar melhorar toda a estrutura moral e social então vigente. Conhecimentos até então restritos a sociedades secretas de "iniciados" seriam colocados à disposição de todos, tornando-se acessíveis aos que se interessassem por algo mais... Como disse o próprio Cristo, a lanterna não mais seria colocada embaixo da mesa, mas em cima, para iluminar e afastar as trevas da ignorância e do medo. O objetivo principal da Doutrina Espírita é, portanto, tentar responder as inquietantes perguntas que tanto têm atormentado o coração e a mente da humanidade.

— Que perguntas são essas? - perguntou Marcos.

— Primeira: Quem somos, afinal? Segunda: Qual o objetivo de nossa vida? Terceira: Por que sofremos e qual o nosso destino após a morte? Ou, em outras palavras, os problemas do ser, do destino e da dor, que constituem, no fundo, a essência das preocupações humanas desde sempre. As respostas a essas questões são vitais para a felicidade da criatura humana, pois podem contribuir para modificar toda a estrutura social e moral da Terra.

— Boas perguntas! Eu também gostaria de ter respostas racionais a respeito delas! - exclamou Maurício.

— Eu até que não tinha pensado muito nisso, - acrescentou Marcos. - Mas, agora, bem que eu gostaria de ter respostas.

— Mas isso é filosofia, não é vovô? - perguntou Zezé.

— De fato, é a parte filosófica da doutrina.

Os jovens levantaram-se.

— Vovô, já é tarde, disse Marcos. - Vamos deixar as respostas para a próxima semana.

— De fato, as explicações são longas. Se levamos já quase dois mil anos para entender tão pouco, não será em uma hora que vamos conseguir desvendar todas essas questões...

— Então, até a próxima, vovô - disse Gumercindo.

— Até breve, moçada... Bom fim de semana.

O grupo se afastou, enquanto Sabino os acompanhava com os olhos até dobrarem a esquina. Escurecia já, e as primeiras estrelas apareciam num céu incendiado pelos últimos raios do sol poente. O velho levantou-se espreguiçando-se e, a passos lentos, dirigiu-se à casa, com as mãos nos bolsos.

6
Afinal, quem somos?

AO ENTARDECER DA SEXTA-FEIRA da semana seguinte, os jovens estudantes voltaram à praça, ao encontro de Sabino.

— Oi, vovô, como passou a semana? Tudo em paz e com saúde? - perguntou Vera, adiantando-se.

— Graças a Deus, tudo na mais perfeita harmonia. E vocês?

— Estudando bastante, pois tivemos uma semana de provas. Tivemos que botar a cuca para funcionar para valer! Mas tudo já passou e hoje viemos para ouvir as respostas que você ficou devendo na semana passada... Afinal, quem somos? - questionou Maurício.

— Estou curioso para saber como o Espiritismo encara essa questão - disse Gustavo.

— 'Tá' bom, 'tá' bom, moçada... O tema é realmente interessante, mas bastante complexo. Vou tentar simplificar para que todos possam compreender. Aliás, as coisas mais complexas costumam ser mais simples do que imaginamos, se formos capazes de encará-las pelo lado correto. A criatura humana é que tem o hábito de complicar tudo, criando verdadeiros labirintos mentais, do qual acaba não conseguindo sair.

Os jovens se acomodaram à sua volta e Sabino começou.

— Afinal, quem somos? Vocês poderiam perfeitamente responder-me: "Ora, somos gente, criaturas humanas". Em suma, poderiam dizer que somos seres viventes, sujeitos às leis biológicas que regem a vida em nosso planeta, ou seja, as leis de conservação e de reprodução das espécies. Mas será que somos apenas isso? Corpos físicos, organismos que, animados pelo princípio vital, estão fadados ao desgaste pelo tempo, decaindo até à decomposição final, até à "morte"?

— O que vem a ser "princípio vital"? - perguntou Gustavo.

— É a energia que anima todos os seres vivos na natureza, dando vida orgânica às plantas, aos animais e ao próprio homem.

— Mas nunca ouvi falar dela - ponderou Gustavo.

— Bem... É um tanto difícil explicar o que é realmente o princípio vital. É fácil perceber que a um animal morto falta "alguma coisa". Ou seja, os órgãos físicos, por si sós, não constituem a vida. É preciso que uma força os "anime", ou seja, os faça funcionar. Pois essa força é que chamamos de princípio vital. Esse princípio é comum a todos os tipos de animais, inclusive o homem, apenas modificado de acordo com cada espécie. Agora, qual a natureza dessa força, ainda ignoramos. Os próprios espíritos encontram dificuldades em nos explicar, pois nem mesmo existem palavras em nossa limitada linguagem, para designar coisas que são absolutamente estranhas ao nosso mundo material.

— Seria o princípio vital o que normalmente se chama de "espírito"? - perguntou Marcos.

— Vamos por partes. O princípio vital é o "combustível" que dá vida orgânica aos seres vivos. Se o nosso corpo fosse um automóvel, o princípio vital seria a gasolina que o faria mover-se, ao passo que o homem que o dirige seria o espírito. Ou seja, o princípio vital faz a máquina se mover, mas quem efetivamente a dirige é o espírito, também chamado de "princípio inteligente" pelo Espiritismo. Vemos, assim, que princípio vital e princípio inteligente são coisas absolutamente distintas.

— E de onde vem esse princípio? - indagou Marcos.

— Ele provém do reservatório inesgotável do Cosmos infinito. Assim como estamos mergulhados na atmosfera, estamos também envolvidos pelo fluido universal, que preenche todo o espaço cósmico, envolvendo as estrelas, galáxias e todos os incontáveis corpos celestes que gravitam pelo Universo infinito, fluido esse que, modificado especificamente para cada espécie, em cada mundo, constitui o que estamos chamando de princípio vital. E a fonte primária dessa energia é Deus, o Criador.

— E o que acontece com esse princípio quando o organismo morre? - tornou a perguntar Marcos.

— Segundo Kardec, em *O Livro dos Espíritos*, o princípio vital "retorna à massa" e, novamente manipulado, vai animar outros seres. No laboratório da natureza, o trabalho é dinâmico e constante, de forma que na proveta do tempo, através dos milênios, a "química" divina manipula o fluido universal para animar novas formas orgânicas cada vez mais aperfeiçoadas. Mas, como eu já disse, princípio vital é apenas o combustível. Quem dirige tudo, na realidade, é o princípio inteligente, ou alma, ou espírito, como se quiser chamá-lo. Aí, então, chegamos ao ponto que nos interessa: o problema do ser. Quem somos? O que somos? Apenas um conjunto de ossos, nervos, músculos, órgãos cujo funcionamento é impulsionado pelo princípio vital? Você, Marcos, acha que somos apenas isso? Corpos animados pelo princípio vital, o qual, quando não mais capaz de fazer funcionar as peças desgastadas do organismo, abandona-os, extinguindo, assim, e para sempre, a vida humana?

— Eu acho que é isso mesmo, vovô. Extinguindo-se o princípio vital orgânico, tudo termina. Nada faz com que um corpo morto retorne à vida...

— E o que me diz da nossa mente, do nosso pensamento. O que você acha que são? - provocou Sabino.

— Pelo que se sabe, são igualmente físicos, produtos do funcionamento do nosso cérebro, que recebe impressões e estímulos que lhe são enviados através do sistema nervoso.

— Filho! Como tanta gente, você está colocando o carro na frente dos bois, confundindo o efeito com a causa! Por acaso, você já leu alguma coisa sobre Parapsicologia?

— Ler, mesmo, não li. Só ouvi dizer alguma coisa por alto... Algum comentário aqui e ali...

— Pois a Parapsicologia é a ciência que procura estudar a criatura humana em sua essência, tentando penetrar no mais recôndito do "Ser", desvendando aos poucos os segredos das profundezas do subconsciente humano. Pesquisadores honestos - mesmo em sociedades francamente materialistas - têm chegado à conclusão de que certos fenômenos, que ocorrem com determinadas pessoas, transcendem o conhecido, o habitual, o "normal". Tais fenômenos, rigorosamente pesquisados e comprovados, foram denominados de "paranormais" ou "extrassensoriais", isto é, que não impressionam os nossos sentidos normais, escapando, portanto, à análise dos padrões científicos conhecidos. Após meticulosos estudos, diversos cientistas concluíram que "a mente não é física", mas sim "extrafísica", ou "além do físico". O interessante é que, muito antes de pesquisadores modernos, como Rhine, Soal, Price e Carington, já Kardec afirmava a mesma coisa, com base nas informações dos Espíritos, comprovadas por diversos cientistas. Essas pesquisas provaram, sem sombra de dúvida, a existência de um princípio inteligente que sobrevive à morte do corpo, e que não é nem "vital" nem material, mas espiritual. A mente humana nada mais é do que esse princípio inteligente, que atua através do cérebro, supervisionando, comandando todo o funcionamento do corpo. Na verdade, é a alma que sente, que ama, que odeia, que se entristece ou se alegra, influenciando o corpo físico, harmonizando ou desequilibrando o sistema nervoso e demais órgãos. Portanto, meus jovens, somos todos nós - do mais primitivo dos silvícolas até o mais moderno dos homens das grandes metrópoles - na essência, apenas **espíritos**, isto é, algo imortal e indestrutível que sobrevive à morte do corpo físico.

Sabino fez uma pausa, respirou fundo e prosseguiu:

— Alguns definem o espírito como sendo uma "energia", outros como uma "luz", outros como "dínamo-psiquismo", ou, ainda, como "estrutura psicônica", segundo o parecer do parapsicólogo inglês, Whately Carington, que sustenta a hipótese de a nossa mente ser composta por átomos extrafísicos e que ela sobrevive à morte do corpo físico.

— Podemos dizer que mente e espírito são a mesma coisa, vovô? - perguntou Marcos.

— De certa forma, sim. Enfim, não importa muito o nome com que a definimos. Assim como a mandioca, por exemplo, será sempre mandioca, embora a chamem de aipim em alguns lugares, também o nosso "eu" continua a ser espiritual, qualquer que seja o nome que se lhe dê. O importante é termos consciência de que a nossa personalidade, aquilo em nós que ama, sofre, se alegra, nossa individualidade, enfim, é imortal. Jesus afirmou certa vez, com muita propriedade: "vós sois deuses". E, de fato, assim é.

— E Deus, vovô? - tornou a perguntar Marcos. - Como é que o Espiritismo O entende?

— Deus é a inteligência suprema, a causa primária de todas as coisas - segundo consta de *O Livro dos Espíritos* - ou seja, criador e mantenedor de todo o Universo. Encarando dessa forma, nós, como criações suas, somos partículas d'Ele. Deu para entender?

Os jovens quedaram-se mudos e pensativos.

Sabino perscrutou o rosto de cada um. Todos pareciam refletir profundamente sobre o que haviam acabado de ouvir. Após alguns instantes de silêncio, levantaram-se ainda sérios. Maurício resolveu falar:

— Realmente, vovô, suas observações dão o que pensar. Você disse que o Espiritismo vinha responder à pergunta "quem somos". Mas todas as outras religiões também afirmam a imortalidade da alma... Isso não é novidade nenhuma...

— Bem, não é verdade que **todas** as religiões admitem a imortalidade. Mas deixa pra lá. O fato é que o homem sempre teve a certeza íntima, através dos canais da intuição, da imortalidade de sua alma. Todavia, com o desenvolvimento da ciência, o homem tornou-se, pouco a pouco, materialista e descrente. Alguns cientistas, jocosamente, afirmavam ter dissecado minuciosamente inúmeros cadáveres sem ter jamais encontrado sequer vestígios dessa tão decantada "alma". (E nem poderiam mesmo encontrá-la, sendo ela "extrafísica"...) O Espiritismo veio trazer à luz esclarecimentos racionais e **provas** irrefutáveis, primeiro, da existência da alma, e segundo, de sua sobrevivência após a morte do corpo. Com isso, foi capaz de oferecer um novo tipo de fé, não mais baseada em dogmas improváveis, mas em fatos reais e concretos, comprovados pelas mais rigorosas observações. Como disse Kardec: "só é verdadeira a fé que for capaz de enfrentar a razão face a face em qualquer época da humanidade". E mais! Conhecimentos que eram então privilégio de alguns poucos iniciados, tornaram-se acessíveis a todos os interessados, sem tabus nem misticismos, em toda a sua pura simplicidade. O homem passou a ter, enfim, a prova concreta, a certeza plena daquilo que sempre foi: um espírito imortal, destinado a alcançar a felicidade como consequência de sua evolução até ao estado de perfeição absoluta. Ou, em palavras talvez mais simples: somos espíritos imortais, envolvidos num processo de evolução que nos levará, um dia, através do nosso próprio esforço, a sermos perfeitos e adentrarmos ao reino da bem-aventurança, face a face com Deus, nosso criador.

Marcos, impressionado, observou:

— Vovô, isso é realmente interessante... Falar é uma coisa... Provar é outra, bem diferente. Suas explicações são realmente racionais e dentro da lógica... Só mais uma coisa: por que, às vezes, se diz "alma" e em outras se diz "espírito". Qual é a diferença?

Sabino não se fez de rogado:

— Costuma-se usar "alma" para designar o espírito encarnado, ou seja, ligado ao corpo físico e vivendo na Terra, reservando-se a palavra "espírito" para nomear as entidades desencarnadas. Mas, no fim, é tudo a mesma coisa. Mudam apenas as palavras, mas a essência é a mesma. Ficou claro?

— Sem dúvida. Mas que isso tudo dá o que pensar, isso dá... E quando é que você vai apresentar as provas do que afirmou?

Vera não se conteve:

— Você está esclerosado, Marcos? Não se lembra que o vovô já falou das experiências de Kardec e de todos aqueles cientistas?

Marcos ficou meio sem graça, mas respondeu:

— É mesmo! Mas eu gostaria de saber mais alguma coisa, principalmente de alguma experiência mais recente, alguma coisa do século vinte...

— Tenha um pouco de paciência, Marcos. Mais tarde voltaremos a esse assunto, quando tratarmos da parte científica da Doutrina. Por enquanto ainda estamos na parte filosófica...

— É, vovô - disse Gustavo - mas você já deu algumas "pitadas" de ciência na filosofia, né?

Gumercindo adiantou-se, perguntando:

— E qual vai ser o tema da próxima "aula"?

— Qual o objetivo de nossa vida...

— Ufa! Deve ser interessante. Bem, vovô, está na hora... Vamos indo... Até a semana que vem.

— Até a próxima, se Deus quiser.

O grupo retirou-se, discutindo ainda a lição do dia.

7
O objetivo da vida

OS JOVENS ESTUDANTES chegaram à praça discutindo acaloradamente entre si, numa alegre algazarra. Ao chegarem ao banco onde o velho Sabino, como de costume, já os esperava, suspenderam a conversa e Maurício cumprimentou:

— Oi, vovô! Boa tarde. Estamos aqui de novo, para a "aula" da semana... Sabe, no caminho a gente vinha conversando sobre o assunto da semana anterior. Ainda temos muitas dúvidas...

— Boa tarde, gente boa! Que bom que vocês têm dúvidas. Significa que pensaram...

— Vovô, eu comentei as suas colocações com um dos nossos professores, e ele disse aceitar as provas apresentadas pela ciência a respeito de nossa mente ser "extrafísica". Mas acrescentou que a ciência até hoje ainda não conseguiu provas concretas e definitivas da sobrevivência desse "princípio inteligente" após a morte do corpo.

— Que espécie de provas o seu professor gostaria de ter, Maurício?

— Não sei, vovô. A cada prova que se apresenta, sempre surgem objeções, levantadas por cientistas que apresentam outras hipóteses para explicar os fatos. Desse jeito, as dúvidas continuam...

— Nesse caso, como em qualquer outro caso, é preciso encarar o problema com imparcialidade, sem ideias preconcebidas e condicionadas, conduzindo-se com base na lógica e no bom-senso. Veja bem... Como é que poderíamos ter provas **físicas** de uma coisa que **não é física**? Seria o mesmo que exigir que uma vaca botasse ovos em vez de dar leite...

Os moços riram gostosamente. Sabino esperou que o riso terminasse e continuou:

— Todos nós temos - ou deveríamos ter - um objetivo na vida. Vocês, por exemplo, têm o coração cheio de sonhos e aspirações: estudar para ser "alguém" na vida, seguir uma profissão, progredir, ganhar dinheiro, casar, ter um lar, filhos... Serem felizes, enfim. Infelizmente, nem todos os jovens conseguem atingir seus objetivos, seja por falta de oportunidades, seja por desvios de seu próprio comportamento, enveredando pela rota dos vícios de todas as espécies. Mas o que pretendemos discutir hoje, são os objetivos, digamos, filosóficos da nossa vida: por que vivemos? Para que vivemos? Grande parte das pessoas vive apenas para satisfazer as suas necessidades materiais, impulsionadas todas pelo egoísmo insensato que ainda dirige o homem no seu estágio atual de evolução, engalfinhadas nessa luta insana de ganhar muito dinheiro a qualquer custo, valendo-se de todos os meios, éticos ou não, para desfrutar ao máximo dos prazeres, lícitos ou ilícitos, sem se importar com mais nada. Outras, vítimas de suas próprias limitações, são obrigadas a lutar apenas pela sobrevivência, para tentar prover as necessidades mais básicas, como ter o que comer e um lugar para morar, roupa para vestir... O que, neste mundo cruel e desumano, nem todos conseguem...

— Puxa, vovô! Você hoje está com a corda toda... - observou Zezé.

— Desculpem, mas as injustiças da sociedade humana, às vezes, me tiram do sério... Bem, mas o que realmente nos interessa é questionar se seriam apenas **esses** os objetivos da vida? A propósito, lembro-me de uma parábola proposta por Jesus, na qual ele conta que um homem rico, após uma colheita especialmente farta, construiu muitos silos para guardar as suas coisas (naquele tempo não havia bancos para se guardar dinheiro...), e dizia consigo mesmo: "minh'alma, tens bens armazenados para muitos anos; come, bebe, goza a vida!" Mas Deus disse: "Louco! Hoje mesmo te pedirão a tua alma, morrerás, e para quem ficará o que armazenaste?"

— Que azar! - exclamou Marcos. - Morrer logo depois de ficar rico... Ou mais rico...

— Pois é - continuou Sabino. - As pessoas realmente se esquecem de que, quando o nosso corpo morre, não levamos nada deste mundo: os bens materiais, o dinheiro, os imóveis, as joias, tudo fica para trás, a servir, muitas vezes, de motivo de discórdia e ódio entre os herdeiros... Temos que estar atentos ao fato de que **somos espíritos**. A mente que raciocina, calcula, projeta, executa e trabalha, é obrigada a abandonar o seu instrumento de trabalho desgastado pelo uso - o corpo físico, que nenhuma fortuna, por maior que seja, será capaz de preservar ou ressuscitar - e partir de volta para o plano espiritual, onde não há moeda, imóveis, joias... As únicas coisas que "carregamos" conosco, nessa passagem, são os aprendizados, as experiências que enriqueceram a nossa vida na Terra, o nosso progresso espiritual, enfim...

— É mesmo, vovô! - observou Zezé. - As pessoas nunca param para pensar nessas coisas... Na morte, ninguém quer pensar...

— De fato, não é preciso ficar pensando na morte o tempo todo. O que precisamos, repito, é ter consciência de que somos espíritos e que o que realmente nos importa é o nosso progresso espiritual. O Espiritismo, baseado nos ensinamentos transmitidos pelos nossos mentores do outro plano da vida, veio esclarecer essa questão fundamental, que está sendo o objeto de nosso assunto hoje. Estamos aqui, encarnados na Terra, como alunos estagiários de uma grande escola, em busca de aperfeiçoamento, cada qual desempenhando o papel que lhe foi designado pelas circunstâncias da vida. No campo, nas fábricas, no comércio, nos escritórios, nos lares, em todos os campos da atividade humana, milhões de criaturas fazem o seu "estágio" para ampliar cada vez mais os seus conhecimentos, adquiridos neste, ou em "cursos" - vidas anteriores. Mas o objetivo real não é viver apenas para desfrutar dos bens materiais e, sim, para, através da luta para obtê-los, aprimorar o espírito.

— Como assim, vovô? Não entendi bem - disse Marcos.

— Através da luta do dia a dia, desde o humilde camponês que vai aprendendo, pela experiência, como cultivar e melhorar a sua lavoura, passando pelo operário que aperfeiçoa e desenvolve suas aptidões na fábrica, pela dona de casa que procura caprichar seu trabalho no lar, até chegar ao industrial que supervisiona e coordena o trabalho de dezenas de trabalhadores, "a mente" ou "alma" humana vai evoluindo, aprendendo cada vez mais, aperfeiçoando-se na cultura e no sentimento. Assim, o trabalho, qualquer que seja, deveria ser executado com real prazer, amor e interesse. Deveríamos trabalhar, não apenas porque **precisamos**, mas sim por gostarmos de fazê-lo, compreendendo a sua importância para o nosso desenvolvimento espiritual, encarando-o como a nossa contribuição para a harmonia geral das coisas. Tudo neste mundo nos é dado por empréstimo. Como numa escola, da qual usamos as dependências, a biblioteca, o laboratório, as quadras de esporte, enfim, seus recursos todos, que nos são cedidos enquanto somos alunos, mas que teremos de ceder a outras turmas que deles desfrutarão quando os abandonarmos. Assim também, ao terminarmos o nosso "estágio", ou seja, ao "morrermos", todas as coisas com as quais havíamos trabalhado neste mundo - dinheiro, empresas, imóveis e tudo o mais — ficarão aqui na Terra, para servirem ao aprendizado dos alunos que nos sucederão. Para resumir, podemos dizer que o objetivo de nossa vida é o progresso, a evolução da nossa alma, através das experiências adquiridas no trabalho e no estudo.

— Interessante, vovô - disse Marcos. - Você abordou essa questão de uma forma que a gente nunca tinha pensado. Acho que ninguém pensa no trabalho desse jeito. Todo mundo olha isso como uma "obrigação". O estudo também... Quanta gente vai à escola como quem vai ao sacrifício... Ou só porque o pai e a mãe obrigam...

— Infelizmente, você tem razão, Marcos. O fato é que pouca

gente entende o trabalho e o estudo como formas de aperfeiçoamento de nossa alma.

Zezé observou:

— Na verdade, vovô, ninguém pensa na sua "alma"... A gente só pensa mesmo é nas coisas que estão diante de nós, que vemos, que tocamos, que desejamos, enfim, nas coisas concretas...

— Isso, Zezé, acontece porque a maioria acha que a mente é física, que o nosso "eu" é apenas o corpo físico, confundindo a mente com o cérebro, achando que toda a nossa atividade mental não passa de "funções cerebrais", segundo aquela famosa - e errada - máxima, segundo a qual o "cérebro segrega pensamento, como o fígado segrega bílis".

— Além disso, vovô - acrescentou Gustavo - a maioria não quer nem saber de pensar na morte. Parece que não passa pela cabeça de ninguém que um dia teremos que morrer... Ainda mais quando a gente é moço...

— Como eu já disse, ninguém deve ficar pensando morbidamente na morte. Mas se todos parassem um pouco para pensar, ainda que um minuto por dia, nessas coisas tão importantes, garanto que as atitudes da criatura humana se modificariam radicalmente.

— Bem, vovô, acho que já basta por hoje. Temos que ir.

Os jovens foram-se levantando, para partir.

— Até a próxima, vovô.

— Até logo, meus jovens.

Sabino mais uma vez ficou a observá-los enquanto se retiravam discutindo alegremente entre si. Só após dobrarem a esquina é que ele se dispôs a caminhar para casa.

8
Por que sofremos?

AO ENTARDECER DAQUELE ensolarado dia de outono, um céu azul sem manchas se entrevia por entre as copas das velhas árvores da praça. A serenidade da tarde era um tentador convite ao repouso e à meditação. O velho Sabino meditava, sentado em seu banco predileto, sob frondoso jequitibá, aguardando a chegada de seus jovens "discípulos". Após algum tempo, eles surgiram na esquina e, atravessando a praça, acercaram-se do velho, cumprimentando-o alegremente. Sabino observou que só havia uma menina.

— Ué! Cadê a Zezé? - perguntou.

— Ela não pôde vir hoje, vovô. Está com gripe.

— Hum! Que chato, hein! Mas não há de ser nada... Ela é moça, deve "tirar isso de letra"... Até que vocês são alunos muito assíduos e pontuais...

— Pois é, vovô. Como a "matéria" é interessante, a gente não quer saber de "matar aula"...

— Bem, sem mais tardança, vamos ao que nos interessa.

— Isso mesmo, vovô - disse Marcos com entusiasmo. - "Manda brasa", que estamos "ardendo" de curiosidade. O que vai ser hoje?

— O tema de hoje é uma questão que preocupa muita gente, e que cada um encara à sua maneira, de acordo com a sua compreensão: "por que sofremos?". E também uma outra: "se somos espíritos imortais, o que será de nós após a morte?" Essas questões são algumas das que constituem o aspecto filosófico da Doutrina Espírita.

— Realmente, vovô, há tanta coisa sem explicação... Tanto sofrimento no mundo... Tudo parece tão injusto...

— De fato, Vera, se encaramos as coisas pelo ponto de vista apenas material, ou até sob o ângulo das religiões tradicionais, tudo parece mesmo irracional, absurdo. Por isso é preciso raciocinar um pouco. Como já dissemos, acreditamos que somos espíritos, ou seja, seres espirituais que, criados todos da mesma forma, simples e ignorantes, fomos destinados a atingir a perfeição e a consequente felicidade através de processos de evolução. Isso significa que, diferentemente de muitas outras crenças, o Espiritismo não é uma doutrina "salvacionista", mas sim "evolucionista".

— E isso é importante, vovô?

— Sim, Marcos. Isso tem implicações muito grandes, resulta em diferenças claras entre o nosso modo de encarar as coisas e o das outras correntes religiosas. Mas isso nós vamos ver mais para frente. Por enquanto, voltemos ao nosso assunto. Como espíritos, temos que perseguir o nosso desenvolvimento espiritual, pelo acúmulo de experiências e aprendizados obtidos nas nossas diversas encarnações...

— Encarnações? Explique isso, vovô - pediu Gustavo.

— Sim, encarnações... Nós nascemos e morremos muitas vezes... Estamos constantemente "vindo" e "voltando" para o plano espiritual. Ou seja, temos e teremos muitas vidas, muitas passagens pela Terra. A cada vez que nascemos, recebemos um corpo para "usarmos" enquanto aqui estivermos. Como esse corpo é de "carne", dizemos que o espírito "encarnou"...

— Mas será que isso é verdade, vovô? - questionou Marcos. - Parece meio difícil de acreditar que vamos ser outra pessoa...

— Gente, por favor! Vamos deixar isso para mais tarde... Ainda vou dedicar algumas tardes para falarmos da reencarnação. Por enquanto, aceitem o fato, para que possamos continuar o nosso raciocínio, está bem?

— Ok, vovô. Vá em frente.

— Bem, o processo é esse. Deus criou todos os espíritos da mesma forma - simples e ignorantes - sem atribuir a nenhum deles qualquer espécie de privilégio. E destinou-os todos à perfeição, a ser obtida pelo esforço próprio de cada um, através do mecanismo das "existências sucessivas", isto é, das repetidas encarnações, a princípio em mundos muito primitivos, em coerência com o fato de serem também seres bastante primitivos. À medida que progridem, passam a encarnar em mundos mais evoluídos, e assim por diante, até chegarem ao estado de espíritos perfeitos. Isso depois de muitos milênios...

— Milênios, vovô?

— Sim, Marcos. Não se esqueça de que somos espíritos e, portanto, imortais. O que são alguns milênios em comparação com a eternidade?...

— É! Eu nunca tinha pensado nisso.

— Pois bem. Para facilitar a compreensão disso, podemos fazer um paralelo com uma coisa bem familiar a vocês: a escola. A princípio, a criança vai para a pré-escola, depois para o primário e, à medida que vai conseguindo aprovação, vai subindo, passando pelo segundo grau, até atingir a universidade. Enquanto o aluno não conseguir graduar-se nos estágios inferiores, não pode ingressar nas classes superiores. Assim também acontece com os espíritos. Após realizarem todo o progresso possível num determinado mundo, são "promovidos" a um mundo superior.

— E o que os espíritos aprendem? - perguntou Gustavo.

— Tudo! Não sabemos exatamente como foram as nossas encarnações primitivas, que se perdem nas brumas do tempo. Mas sabemos que, hoje, já conseguimos alguns progressos, pois vivemos na Terra, que é um planeta digamos, intermediário, mais para "baixo" do que para "alto". Mas que, seguramente, não é um mundo primitivo. Durante as nossas encarnações, vamos acumulando conhecimentos, através das experiências que vivenciamos, ora nascendo de um jeito, ora de outro, ora num país ora em outro, ora sendo rico, ora sendo pobre, ora homem, ora mulher...

— Epa, vovô! - exclamou Gustavo. - Quer dizer que eu posso ser mulher em outra vida? Eu, hein!

— Claro que pode! Espírito não tem sexo. É provável que você até já tenha tido essa experiência antes...

— Ah! Duvido! Eu sou muito macho...

— Que bobagem, Gustavo. Aliás, ser mulher não é nenhuma desonra. É ou não é, Vera?

— O vovô está certo! O que é que tem de errado em ser mulher?...

— Estou muito satisfeito de ser homem... Não quero mudar de sexo...

— Mas não se trata disso - explicou Sabino. - Ninguém "muda" de sexo. Você simplesmente virá com o corpo de mulher, o que é muito diferente. E será criado por seus familiares como mulher e se comportará como mulher, normalmente.

— Você tem certeza disso, vovô? - questionou Marcos, meio alarmado.

— Pelo que se depreende dos textos de Allan Kardec, sim. Embora existam espíritas que não concordam muito com isso, achando que um homem sempre reencarnará como homem e assim por diante. Mas eu prefiro ficar com a opinião de Kardec. Pois é importante que, ao longo de suas existências, o espírito passe por todas as situações. Se um espírito sempre fosse homem, ele jamais saberia o que sabem as mulheres... E vice-versa...

— Mas, vovô, eu acho que você está fugindo do assunto. O que tudo isso tem a ver com a pergunta inicial? Por que sofremos? - observou Gumercindo.

— Calma, pessoal. São vocês que estão me levando a discutir o que eu não queria... Pelo menos hoje. A reencarnação é assunto para uma vida... Vamos discuti-la mais tarde. Mas, na verdade, não fugimos da questão. Como eu disse, o espírito, criado simples e ignorante começa a sua jornada em busca de evolução espiritual, dotado da liberdade de fazer o que quiser. Isso é o que em geral se chama de "livre-arbítrio". Assim, ao longo de suas existências, cada um tomou o caminho, as atitudes que quis. E, evidentemente, nem sempre agimos corretamente, como consequência da nossa ignorância. Podemos comparar com alguém que vai aprender um ofício, como, por exemplo, um aprendiz de torneiro. A princípio, ele só faz coisas erradas, de modo que se vê obrigado a repetir o trabalho, sem escapar das "broncas" do instrutor. Além de se machucar de vez em quando, por causa da sua falta de habilidade. Na vida também é assim... Somos principiantes e por isso vivemos errando. A vida se encarrega de nos "castigar", para que aprendamos a evitar novos erros. De forma que podemos considerar que, em cada encarnação, somos obrigados a enfrentar as consequências dos nossos atos, nesta, ou em vidas anteriores. E cada um é "punido" naquilo em que errou, para sentir na própria pele o que praticou em relação aos outros.

— Acho que não está muito claro, vovô.

— Vou tentar explicar melhor, Vera. Os nossos sofrimentos são os "castigos" que estamos recebendo por nossos erros anteriores. As doenças, a miséria, a desesperança, enfim todas essas coisas que tanto infelicitam o ser humano, são o meio que as leis que regem a vida usam para nos forçar a progredir. É possível que a expressão "castigo" não seja a mais adequada. Talvez ficasse melhor dizer que são "pressões", "empurrões", para nos obrigar a andar para a frente. Ou seja, as dificuldades da vida são consequências da nossa inferioridade espiritual. À medida que formos progredindo, o sofrimento também diminui proporcionalmente, pois quanto menos imperfeitos, menores são as nossas necessidades de recebermos "pressões" para avançarmos. Quando formos perfeitos, os sofrimentos desaparecerão, porque não mais precisaremos ser coagidos a nada... E isso, por tabela, esclarece uma outra velha questão: a busca da felicidade, que tem sido uma preocupação constante dos seres humanos. Sempre procuramos a felicidade e nunca a encontramos, pois ela parece sempre estar um pouco adiante... E, no entanto, é simples: seremos tanto mais felizes quanto mais evoluirmos espiritualmente. Ou seja, para sermos felizes precisamos ser "bons". E quando formos perfeitos, seremos absolutamente felizes. Ou, trocando em miúdos, antes de querermos ser felizes, temos que aprimorar o nosso espírito, temos que ser bons.

— Taí uma coisa que nunca passou pela minha cabeça... E também nunca vi ninguém colocar as coisas dessa forma...

— É isso, Marcos. O importante é vocês saberem que os sofrimentos não são obras do acaso, que ninguém está passando pelo que não merece. Tanto para o bem como para o mal, recebemos em cada momento as consequências dos nossos atos. Sem privilégios... Sem escapatória...

— É por isso que muita gente diz "aqui se faz, aqui se paga"?

— De uma certa forma, sim, Vera. O Espiritismo nega a existência do inferno. Em cada encarnação somos chamados a reparar os erros que cometemos, ao mesmo tempo em que adquirimos novas experiências que nos auxiliam a progredir. E assim, de existência em existência, vamos nos aperfeiçoando cada vez mais. Se não agimos direito, temos que repetir, assim como estudantes relapsos "não passam de ano". E há ainda um outro aspecto importante a ser considerado. É preciso lembrar sempre que estamos encarnados na Terra, um planeta que, se não é primitivo, como eu já disse, também não é nenhuma maravilha, como qualquer um pode perceber. Ou seja, o nosso mundo é um planeta de "expiação e provas", no qual "pagamos" os nossos erros e nos submetemos às provas, às dificuldades que acabarão por "burilar" o nosso espírito. E como é um mundo dessa categoria, somos obrigados a conviver conosco mesmos e com outros espíritos do mesmo tipo, isto é, com espíritos atrasados que acabam se flagelando uns aos outros. Viu Vera, por que não há necessidade de existir o inferno? Porque nós mesmos, pelo nosso atraso, nos encarregamos de criá-lo à nossa volta. E é também por isso que não há necessidade de existirem demônios, para induzir os homens ao mal. Nós somos "PhD" em fazer o mal... Não precisamos de ajuda de ninguém para isso...

— Puxa, vovô! Você hoje está com a corda toda! - exclamou Marcos.

— Infelizmente, Marcos, não dá para observar o mundo, com todas as suas misérias e injustiças, sem ficar meio revoltado. Por mais que a Doutrina Espírita nos reconforte, nos explique o porquê das coisas, não é possível não nos escandalizarmos com a indiferença, o cinismo, com a maldade humana. Mas, deixa pra lá...

— Vovô, até para confirmar o que você disse, eu conheço uma pessoa que é espírita e vive dizendo: "eu sofro porque estou pagando erros do passado". E ela é super conformada! Mas, vovô, você não acha que se a gente sofre para "pagar" o que deve, então não deveríamos lutar contra as nossas dificuldades? Deveríamos até nos alegrar com elas... Além disso, pensando desse jeito, as pessoas ficam infelizes, traumatizadas por muito tempo. O que você me diz disso?

— Maurício, você fez uma observação importante. É claro que ninguém deve se conformar com as adversidades. Elas nos foram colocadas como estímulo para o nosso progresso. A expressão "pagar dívidas do passado" não é totalmente adequada. O que cada um recebe, na verdade, são as consequências dos seus atos. E, efetivamente, devemos nos alegrar, não com o fato de estarmos sofrendo, mas por estarmos encarnados na Terra, neste momento. Essa, sim, é uma coisa que devemos agradecer. Pois com a presente encarnação estamos tendo uma oportunidade preciosa de repararmos os nossos erros e adquirir experiências que nos credenciem ao progresso espiritual. Consta que existe uma verdadeira "fila" de espíritos aguardando a sua "vez" de reencarnar. E ainda há gente que diz que "não pediu para nascer"... Grande bobagem... Como iremos ver mais para a frente, provavelmente não pedimos para nascer... Nós **imploramos**... E, por fim, não devemos nunca permanecer num conformismo cômodo de que devemos "sofrer para pagar" erros. Não! Temos que lutar com todas as nossas forças, para reeducar a nossa mente, através do exercício da paciência, da compreensão, da tolerância, do amor, enfim... O conformismo é quase sempre sintoma de preguiça mental de criaturas que se acostumam com o sofrimento, com a derrota, num transporte de autopiedade...

—Entendi tudo, vovô! Aliás, eu jamais me conformei com a atitude apática desse meu conhecido.

Os jovens despediram-se de Sabino.

— E aí, vovô? Quer ir conosco tomar um sorvete ali na esquina?

— Não, obrigado, amigos! Vou andar um pouco para esticar as pernas... Estive sentado por muito tempo hoje. Até a semana que vem. E desejo que o sorvete esteja bem gostoso...

— Obrigado, vovô. Até a próxima.

Os jovens dirigiram-se então à sorveteria, enquanto o velho se levantava, espreguiçando-se e começava a caminhar para a sua casa.

9
E para onde iremos após a morte?

O GRUPO DE JOVENS dirigiu-se apressadamente à praça, encontrando Sabino que, como de costume, os recebeu sorrindo:

— Olá, pessoal! Parece que desta vez vocês perderam a hora...

Zezé respondeu ofegante:

— Pois é, vovô! A gente estava numa conversa tão animada, que não percebemos que já estava passando da hora do nosso encontro. Viemos correndo...

Gustavo continuou:

— Estávamos comentando suas considerações da semana passada, sobre "por que sofremos". Não sei se entendi direito. Você disse que quando sofremos com os nossos erros, estamos adquirindo experiência... Você quis dizer que estamos aprendendo a fazer as coisas certas? É isso?

— Exatamente. Veja bem. Voltemos ao aprendiz de torneiro. Podemos dizer que ao manejar o torno, ele aprenderá que, se colocar a mão em determinada engrenagem em movimento, esta a prensará, causando ferimento e dor. Assim, ele procurará, daí por diante, evitar esse procedimento, adquirindo, com isso, um pouco mais de experiência no uso da máquina.

A turma se acomodou ao redor de Sabino. Gustavo comentou:

— Sabe, vovô? Nós compramos *O Livro dos Espíritos* e estamos lendo em conjunto sempre que aparece um tempinho, lá na escola.

— Muito bem, meus jovens amigos. É muito importante estudar e, mais ainda, começar pelo começo, como se costuma dizer no meio espírita...

— Como assim? - perguntou Vera.

— Começando pelas obras básicas da doutrina... Há gente que quer começar lendo romances espíritas, ou outras coisas, que são úteis para quem já conhece um mínimo da doutrina, mas inúteis para dar as bases fundamentais do conhecimento espírita. É preciso ler, antes, as obras de Kardec, por mais difíceis que possam parecer.

— É, de fato, *O Livro dos Espíritos* não é muito fácil... - observou Marcos.

— Mas é o livro fundamental para se compreender todo o resto.

Gumercindo observou:

— Gente, nós chegamos correndo e nem dissemos "boa tarde" ao vovô!

Aí, todo o grupo disse "boa tarde, vovô" em uníssono, como em programas de auditório. Todos riram muito.

Sabino respondeu com bom humor:

— E nem eu tive tempo de cumprimentá-los... Vocês chegaram correndo e já foram "metralhando" perguntas em cima de mim...

O velho esperou o grupo parar de rir e prosseguiu:

— Bem, o assunto de hoje é a velha questão: para onde iremos após a morte?

Maurício comentou, interrompendo:

— Chi! Vovô. A gente morre de medo só em pensar nisso. Muitos acham que vão virar churrasco no espeto do Diabo, lá no inferno, enquanto a maioria acha que vai direitinho pro céu, descansando eternamente das trabalheiras do mundo, só cantando e louvando a Deus...

— E você, Maurício, acha que qualquer uma dessas perspectivas é animadora? De acordo com essas ideias, existem duas alternativas: ou somos bons e vamos parar num lugar chamado "céu", onde a vida deve ser chata pra burro, pois consiste só em permanecer numa atitude beatífica de adoração, sem fazer nada o tempo todo, ou, então, somos maus e vamos para o "inferno", sofrer as maiores torturas que a nossa imaginação é capaz de criar...

Zezé interrompeu novamente:

— Nós, jovens, achamos esses conceitos quadrados, ridículos...

— Mais tarde, Zezé, vamos falar um pouco sobre isso. Por enquanto, fiquemos apenas na questão da existência de tais "lugares". O certo é que a ciência vasculhou toda a imensidão do cosmo, a princípio com telescópios terrestres, depois com sondas espaciais e telescópios em órbita da Terra, e encontrou apenas incontáveis estrelas, galáxias, corpos celestes de todos os tipos e tamanhos, a girar harmoniosamente no espaço sideral... E nada do "céu" habitado por anjos, arcanjos e querubins... Da mesma forma, a geologia se aprofundou no estudo da terra, do solo, do subsolo, e nada do tal "inferno" com suas fornalhas escaldantes... Está provado, portanto, que o céu e o inferno, do ponto de vista material, não existem... Mas a velha questão continua de pé: "para onde vamos depois da morte?".

Sabino fez uma pausa, olhou bem para os jovens e prosseguiu:

— Algumas seitas cristãs afirmam que o ser humano, após a morte, fica em estado de "hibernação", isto é, fica "dormindo" até ser despertado pelas trombetas do "juízo final"... E sai, então, do túmulo para ser julgado pelo bem ou pelo mal que tenha praticado, do que, "nesta altura do campeonato" ele nem deve mais se lembrar, de tanto que "dormiu"...

— Essa é boa, vovô - comentou Marcos.

— Antes de mais nada, devemos considerar que a tão temida "morte", na realidade, não existe. O "princípio inteligente", ou "alma", ou "espírito", seja lá qual for o nome que se lhe dê, é constituído de "átomos extrafísicos", ou "espirituais", que sobrevivem à desintegração do corpo, composto de "átomos físicos". Convém relembrar que as células que constituem o nosso corpo, formadas por inúmeras moléculas, se desagregam, mas não desaparecem: transformando-se, irão incorporar-se a outros organismos, no seio da Terra. Vocês se lembram do enunciado popular da Lei de Lavoisier: "nada se perde, tudo se transforma"? Já o nosso espírito, composto por "átomos extrafísicos", é "expulso" do corpo já gasto, penetrando num novo mundo, numa outra dimensão da vida, ainda muito desconhecida em virtude de nossa incapacidade de percepção para apreendê-la e de nossa falta de compreensão para concebê-la. De fato, a lagarta rastejante e voraz só vê e se interessa pelas folhas que devora, sem jamais compreender sua transformação futura em graciosa borboleta a esvoaçar pelos campos, gozando as delícias do sol e do perfume das flores...

— Aí, vovô! Virou poeta... - comentou Marcos.

— Fique quieto, Marcos! - ralhou Vera.

Sabino prosseguiu:

— Como a lagarta, nós também rastejamos em nosso pesado veículo físico, incapazes de compreender e definir "o outro lado da vida", para o qual o nosso espírito se transferirá. Os espíritos que orientaram Kardec, na codificação do Espiritismo, e também outros que se manifestaram posteriormente, encontraram grande dificuldade em descrever em minúcias o plano espiritual, pois a pobre linguagem humana não tem palavras para expressar coisas que estão totalmente fora da nossa experiência do dia a dia. Seria mais ou menos como tentar descrever a luz para um cego de nascença. Por isso, aquelas entidades espirituais tiveram que se valer de analogias, de comparações com coisas da Terra, para que as compreendêssemos... Mas em muitos casos as comparações são traiçoeiras e geradoras de erros de interpretação... E, falando em Kardec, lembremo-nos de que ele, partindo da premissa lógica de que "todo efeito inteligente tem uma causa inteligente", concluiu que, como os fenômenos de efeitos físicos que ele estava estudando revelavam possuir "inteligência", deveriam ser produzidos por uma força "inteligente". E também "extrafísica", uma vez que não era percebida pelos sentidos físicos. Aprofundando as observações, descobriu que aqueles fatos resultavam da atuação de espíritos desencarnados, isto é, espíritos que já tinham vivido na Terra, haviam "morrido" e estavam agora vivendo no "mundo espiritual". Ponderou ele, então, o seguinte: primeiro: o "ser", o "eu", a mente humana, sobrevive à desagregação do corpo físico; segundo: a criatura humana, após a morte, conserva a sua identidade, a sua personalidade, com todas as suas características psíquicas, suas tendências, boas e más, seus amores, amizades, simpatias, ódios e rancores. Continua, enfim, a ser a mesma pessoa; terceiro: sendo a mesma pessoa, procura frequentar os ambientes que sempre frequentou e, conseguindo aproximar-se dos seus familiares, tenta entrar em contato com eles.

— Isso já muda bastante as coisas, não é, vovô? - perguntou Maurício.

— De fato. Mas, prosseguindo, podemos dizer que isso é tão verdadeiro e real, que, a começar pelas mais primitivas tribos de selvagens e desde a mais remota antiguidade, até chegar aos povos mais civilizados de nossos dias, sempre existiu alguma espécie de "culto aos ancestrais", em cujas cerimônias as "almas dos mortos" se comunicavam com os seus descendentes. A amplitude da disseminação dessa crença e a sua persistência ao longo do tempo, são fortes indícios em favor de sua veracidade. Na verdade, as comunicações dos espíritos, comprovadas em inúmeros casos, evidenciam que eles não estão "dormindo", nem jazem encerrados nas profundezas do inferno e nem estão flanando em flocos de nuvens, tocando suas harpas no céu.

Os moços riram dessas palavras de Sabino. Zezé resolveu perguntar:

— E o que fazem, então, os espíritos?

— Seria absurdo supor que ficassem inativos. Toda a natureza dá-nos exemplos constantes de atividade e dinamismo, desde o verme que rasteja no seio da terra, o minúsculo inseto que se esconde na grama, às gigantescas constelações que se movem no infinito com precisão absoluta. Tudo está em constante atividade... Por que seria o ser "extrafísico" uma exceção? Assim, continuamos a trabalhar no plano espiritual, onde os mais experientes procuram orientar os inexperientes, os bons tentam abrandar o coração dos maus, os sábios se esforçam por esclarecer os ignorantes, e assim por diante.

— Mas todos os espíritos trabalham?

— Não, Marcos. Alguns espíritos são tão atrasados que não conseguem nem mesmo recobrar, de imediato, a sua consciência, colocando-se, de fato, na condição de necessitados de cuidados. Podemos dizer que eles não trabalham, mas "dão trabalho"... Mas todos aqueles que já têm um mínimo de discernimento, colocam-se à disposição para trabalhar no que for possível, em favor dos outros.

— Quer dizer que o falado "descanso eterno" já era?...

— Sim. É um grande engano. As atividades continuam... Só mudam os objetivos do trabalho. Não se trabalha para ganhar dinheiro, mas para beneficiar os semelhantes, credenciando-se, assim, ao progresso espiritual. Além disso, é na "erraticidade" — estado em que os espíritos se encontram no plano espiritual, segundo Kardec - que a criatura humana procura retificar atitudes, analisar erros cometidos na vida física, enfim, traçar um novo programa de trabalho para o próximo estágio na Terra. Como alunos que voltam à casa paterna nas férias para o devido descanso, entregando-se a atividades diferentes como higiene mental, assim nosso espírito no período de "férias" que antecede a volta ao mundo das formas físicas, procura descansar e recarregar a mente com novas energias e estímulos, fazendo planos para mais uma estadia na Terra, sob a sábia e bondosa orientação de amigos mais experientes. Outros, que já fizeram jus à promoção, partem para novos aprendizados em outras "escolas", em mundos mais adiantados, percorrendo, assim, a escala das diversas moradias da "Casa do Pai" anunciadas por Jesus, quando afirmou que "na casa de meu Pai há muitas moradas..." Para resumir, podemos dizer: ninguém morre. Quando abandonamos o nosso corpo físico, desgastado pelos anos ou pelas doenças, nosso "eu" passa a viver no plano espiritual, interagindo com outros espíritos, em constante atividade, procurando refazer energias e planejando um novo regresso à vida física, através de minuciosa avaliação do que fez ou deixou de fazer em sua última jornada pela Terra. E também, em muitos casos, a interessar-se pelas coisas atinentes aos que deixou no mundo e, quando possível, tentando comunicar-se com eles. Ufa! Por hoje, chega!

Os jovens se levantaram e após as despedidas de praxe, afastaram-se algo pensativos.

10
Liberdade, igualdade, fraternidade

A SUAVE BRISA da tarde de outono derrubava folhas secas das velhas árvores da praça. Sabino, sentado em seu banco, observando o cair das folhas, murmurava consigo mesmo:

— Outono... Folhas mortas a cair para permitir o surgimento de outras novas, que brotarão na primavera, cheias de vida e juventude... Também eu estou no outono da minha vida... Logo será preciso trocar de "folhagem"... E enquanto aguarda a transmutação, esta velha árvore deve ainda tentar alimentar outras árvores jovens, a fim de que cresçam vigorosas e sadias, dando, a seu tempo, frutos de paz e sabedoria...

Pensava, evidentemente, nos seus jovens "discípulos"... E, então, alegre vozerio arrancou-o de sua meditação. Os moços, parados diante dele, observavam-no curiosos e divertidos.

— Olá, vovô! Boa Tarde! Você estava falando sozinho?

— Boa tarde, moçada! É... Às vezes fico filosofando sobre as coisas da vida, falando comigo mesmo... Coisas da idade...

— Qual nada! Quantas vezes eu falo sozinho, fazendo perguntas a mim mesmo, sem obter resposta... - observou Marcos.

— E eu costumo xingar baixinho quando estou com raiva - arrematou Vera. - Todo mundo costuma falar sozinho de vez em quando. Até serve para aliviar as tensões emocionais.

— Puxa! Vocês estão bastante filosóficos hoje...

— Igualzinho o professor, né? - observou Vera.

— Vovô, por falar em Filosofia, como o Espiritismo encara a questão da liberdade e da igualdade. Hoje, na aula de História, estudamos a Revolução Francesa. E, apesar das transformações sociais ocorridas de lá para cá, ainda não existem no mundo as tão sonhadas "liberdade, igualdade, fraternidade", pelas quais o homem tanto tem lutado. O povo, em sua maioria, ainda vive na ignorância e na miséria, "dirigido" pelos condicionamentos políticos e religiosos... Os ricos ficando cada vez mais ricos e os pobres cada vez mais miseráveis... Nós, jovens, acabamos achando que Karl Marx tinha razão em suas teorias...

— Bonito discurso, Marcos. Mas cuidado... Algum dia ainda vão tachá-lo de comunista "jurássico"... Agora que o comunismo parece ter perdido a parada no mundo capitalista...

— É, eu sei... Na verdade, não costumo exprimir essas ideias em voz alta. No entanto, todos nós pensamos assim, não é turma?

O grupo respondeu em coro:

— É sim, vovô.

— Bem, então vamos aproveitar o "gancho" para falar sobre liberdade e igualdade.

— Manda ver, vovô, que estamos interessados.

Sabino pigarreou, limpando a garganta, e começou:

— Eu sei que o sonho de todo jovem é a "liberdade". Desde a infância, a criatura humana é obrigada a seguir normas de conduta: "não faça isto, não faça aquilo", "isto é proibido, aquilo é inconveniente", e assim por diante. Por outro lado, a intimidação é usada como regra para conseguir a obediência: "se não obedecer a cuca vem pegar...", "você vai levar uma surra", "o diabo vai levar você para o inferno" e por aí vai. A criança entra na adolescência carregando pesadas correntes de proibições, tornando-se, não raro, insegura, revoltada contra esses grilhões que lhe tolhem a liberdade de ação. Para demonstrar sua insubordinação é que os jovens muitas vezes assumem atitudes que parecem incompreensíveis aos mais velhos, aderindo a modismos, a movimentos como os antigos "hippies", os atuais "funks" e semelhantes. Desde os tempos mais remotos, sempre existiu uma classe dominante, a reger com férreas mãos os destinos do povo. Entre os povos antigos, em Roma, por exemplo, os nobres dedicavam-se à política ou à carreira militar, deixando as demais atividades a cargo dos escravos e da plebe "livre". Mas os "livres" eram quase tão escravos quanto os próprios, pois não tinham direito a quase nada, recebendo o mínimo para não morrerem de fome. Mais tarde, com o surgimento do capitalismo, os trabalhadores passaram a ser ainda mais explorados, trabalhando exaustivamente nas condições mais insalubres, recebendo salários miseráveis, incluindo-se nesta lista de explorados, mulheres e crianças de tenra idade. Por um bom tempo, a jornada de trabalho foi de dezesseis horas diárias, fazendo com que a vida dos trabalhadores se resumisse a ir da fábrica para a cama, e da cama para a fábrica. E quando adoeciam, ou envelheciam, eram sumariamente descartados, substituídos por "carne mais nova". E as igrejas compareciam como cúmplices desse estado de coisas, ensinando ao povo que devia ser assim mesmo, que era bom sofrer nesta vida, para alcançar "uma vida melhor" no céu... E, ao mesmo tempo, ameaçavam com o castigo terrível das tormentas do inferno as atitudes de revolta ou insubmissão para com os patrões.

— E a Revolução Francesa, vovô? - perguntou Maurício. - Não modificou tudo isso?

— Bem, a Revolução Francesa é uma outra história. Ela se iniciou com a revolta do povo contra um estado de coisas insustentável. Uma vez deflagrada, teve diversas fases, algumas muito sangrentas, mas acabou, ao fim, por transformar-se em mais um instrumento a servir aos interesses da burguesia, de forma que o povo continuou a ser explorado. O ideal de "liberdade, igualdade e fraternidade" mais uma vez ficou apenas na intenção...

— Será que o mundo piorou, vovô? Quase todos os velhos dizem isso. Será verdade? - perguntou Zezé.

— Não acho que o mundo tenha piorado. Acredito que exista um pouco de saudosismo em nós, mais velhos, o que nos leva a suspirar pelas coisas do passado, sublimando-as. Mas analisando friamente as coisas, nós podemos perceber que muitas coisas melhoraram. Graças às ideias de inúmeros pensadores, tais como Comte, Nietzsche, Marx, Sartre e tantos outros, a humanidade foi-se livrando dos velhos dogmas, aprendendo a questionar "verdades" que eram impingidas principalmente pelas igrejas, tradicionais instrumentos da opressão. Surgiram as leis trabalhistas, a afirmação dos direitos humanos, os movimentos feministas tentando emancipar as mulheres, livrando-as da condição de simples objetos. E assim, os grilhões foram sendo partidos, as condições de vida melhoraram (não para todos, infelizmente), de modo que hoje temos mais conforto, mais liberdade, mais justiça social. Mas ainda não temos toda a liberdade que almejamos. O homem não é plenamente feliz. Jesus pregou a fraternidade, afirmando, há quase dois mil anos, que somos todos irmãos, filhos de um mesmo Pai, sem privilégios de casta, raça, crença política ou religiosa. Pregou ele, também, o desapego às coisas materiais, por serem efêmeras, passageiras; exemplificou o amor ao próximo, legando-nos o sublime mandamento segundo o qual deveríamos amar o próximo como a nós mesmos. Profetizou, ainda, que se conhecêssemos a verdade, esta nos libertaria.

— Mas, vovô, por que se diz, hoje em dia, que as ideias de Marx, Jesus e tantos outros, são utopias e não podem dar certo? - perguntou Marcos.

— Porque ainda não existe no mundo uma liberdade que nos traga felicidade e satisfação plenas, nem uma igualdade capaz de resolver os graves problemas sociais que nos afligem e nem uma fraternidade que una todos os povos num clima de paz e respeito mútuos. E não existem porque há ainda um grilhão, o mais forte de todos, o mais renitente, chamado ignorância. Só podemos desfrutar plenamente da liberdade se tivermos o desenvolvimento, o esclarecimento espiritual necessário para compreendê-la. Somente após entendermos quem somos e qual o objetivo de nossa vida, é que poderemos ser realmente livres, livres do medo, dos preconceitos, dos condicionamentos dogmáticos. Só então seremos capazes de encarar os nossos semelhantes com outros olhos, vendo em cada um deles companheiros nossos, cada qual em seu estágio evolutivo. Os menos adiantados, vistos como irmãos menores que devemos amparar e esclarecer; os mais adiantados, como nossos irmãos maiores, que devemos ouvir e respeitar. Mas o Espiritismo também ensina que liberdade implica responsabilidade... Liberdade sem conhecimento espiritual quase sempre resulta em abusos desregrados, levando ao sofrimento em lugar de alegria e felicidade. Infelizmente, a fraternidade e a igualdade pregadas e exemplificadas por Jesus foram sufocadas pelos interesses materiais de seus seguidores, que moldaram os seus ensinos de acordo com suas próprias conveniências.

— Nossa, vovô! Aconteceu mesmo isso? - questionou novamente Marcos.

— Lamentavelmente, sim, Marcos. Contudo, no auge da descrença, quando o homem mais se esquecia de sua essência espiritual, sufocado pelo materialismo, Jesus fez surgir das cinzas, dos escombros das desilusões religiosas, uma nova Filosofia, capaz de abrir os olhos da criatura humana para a verdadeira realidade da vida, restaurando o cristianismo em sua primitiva pureza, ou seja, o Espiritismo.

— Mas seria possível a igualdade entre as pessoas, vovô? - perguntou Gustavo.

— Uma igualdade absoluta entre as pessoas não seria jamais possível e, talvez, nem desejável. Veja os dedos da nossa mão: todos são diferentes uns dos outros. Assim somos nós. Cada qual está num estágio evolutivo, específico, exclusivo. Ninguém é igual ao outro. Uns são mais inteligentes, mais diligentes, mais esforçados, mais previdentes do que outros, de modo que a igualdade, sobretudo do ponto de vista social, torna-se impossível. A questão da desigualdade social, por exemplo, que tanto aflige as pessoas dotadas de sentimento cristão... Ela não encerra, em última análise, uma injustiça, pois cada um de nós está simplesmente colhendo o que semeou ao longo de nossas vidas... Não seria possível que todos fossem ricos, **ao mesmo tempo**. Mas Kardec lembra que, como somos espíritos, e como tivemos, temos, e ainda teremos muitas existências pela frente, o fato é que, **em algum momento**, todos nós já fomos, somos, ou seremos ricos, bem como pobres, ou brancos, ou pretos, ou homens, ou mulheres, e assim por diante. Mas, ao final, **todos** progredirão, na medida da sua capacidade de compreensão e, sobretudo, dos seus esforços no sentido de se libertarem dos seus defeitos. Assim, através do amor fraterno, a humanidade poderá conquistar, no futuro, o necessário equilíbrio econômico e social, quem sabe através da implantação da **igualdade de oportunidades**, talvez a única forma de se alcançar a verdadeira liberdade e, por consequência, a felicidade prometida pelo Cristo e sonhada por pensadores como Marx e tantos outros. Ufa! Acho que já falei demais hoje... Alguma dúvida?

O grupo levantou-se, pensativo. Vera respondeu:

— Acho que não, vovô. Como sempre, gostamos muito. É... Você tem razão... Às vezes, não sabemos fazer uso da liberdade e acabamos por nos "estrepar" feio... Na liberdade sexual, por exemplo...

— Mais tarde, vamos falar sobre isso. E ainda voltaremos ao assunto "liberdade".

Os jovens se despediram, retirando-se em alegre algazarra, enquanto Sabino dirigia-se a passos lentos para a sua casa.

11
Liberdade e sexo

INFILTRANDO-SE PELAS COPAS de folhas amareladas das árvores da praça, os raios solares projetavam-se na relva dos canteiros, alternando luz e sombra, qual gigantesco caleidoscópio natural. O ar estava ameno e calmo. Sabino aguardava a chegada dos seus jovens amigos, sentado no costumeiro banco, quando se ouviu, ao longe, intenso vozerio. Mais alguns instantes e eis que o grupo, dobrando a esquina, chegou à praça em acesa discussão. Sem se darem conta de que já estavam na presença de Sabino, continuaram a discutir acaloradamente. Vera, com o rosto afogueado pela polêmica, fulminava Gustavo com olhares de irritação.

— ...Não é verdade, não é verdade!... Vocês, homens, só pensam em sexo, em "fazer amor"... E a moça que se dane, se vire! E quando as coisas se complicam, não estão nem aí... Simplesmente dão o fora e não assumem as consequências dos seus atos...

— E você se esquece que "as consequências" são responsabilidade **dos dois**? Se **um** não quer, **dois** não fazem sexo... Vocês, mulheres, são tão culpadas quanto nós! Primeiro nos provocam e depois, quando a gente "perde a cabeça", querem dar uma de "vítimas", de "coitadinhas", alegando que foram "violentadas"!

Sabino, a essa altura, acompanhava a discussão entre divertido e surpreso. Marcos interveio com energia:

— Ei, vocês dois, aí! Parem com isso! Deixem a briga para outra hora! Olha o vovô! Mais respeito, gente!

Foi água na fervura... Os dois brigões calaram-se, encabulados. Gustavo, sorrindo amarelo, desculpou-se:

— Oi, vovô! Desculpe. A turma estava numa discussão danada, e nem percebemos que já tínhamos chegado ao seu banco... E aí, vovô? Tudo bem?

— Boa tarde, crianças! De longe já se podia ouvir o alarido da discussão de vocês... Até fiquei preocupado, tentando imaginar qual seria o motivo da briga, uma vez que vocês sempre me pareceram tão unidos, tão amigos. Só quando vocês chegaram é que percebi do que se tratava.

Marcos observou, meio sem jeito:

— Pois é... Eu não sei se seria falta de respeito a gente...

— Falar sobre sexo? - completou Sabino.

— É isso mesmo, vovô. A maioria dos "coroas", como nossos velhos, por exemplo, fazem cara de quem "comeu e não gostou", quando tentamos tocar nesse assunto...

Maurício completou:

— Meu velho fica uma "fera" quando vê cenas de amor na televisão. Acha que é tudo uma "pouca vergonha", uma "sujeira"!

Vera, agora mais calma, argumentou:

— Muita gente acha que sexo é coisa feia, suja... Seria exigir muito se lhe pedíssemos que nos falasse hoje sobre como o Espiritismo encara essa questão? Ou você também acha ruim falar sobre isso? Sabe, às vezes, a gente não sabe o que fazer, por falta de orientação correta, porque nossos pais se esquivam e não permitem que abordemos o assunto num diálogo franco e sincero.

— Muito bem, muito bem, minha gente! Na semana passada, você mesma, Vera, comentou que, às vezes, a gente se "estrepa" feio, pelo abuso da liberdade sexual, lembra-se?

— Lembro.

— Pois bem, está resolvido! Hoje falaremos sobre liberdade e sexo.

— Legal! - disseram todos em uníssono, enquanto se acomodavam ao lado do velho.

Sabino esperou que se instalassem, e começou a falar:

— Eu não tenho nenhuma prevenção contra o tema "sexo". É exatamente por causa dessa prevenção, deste verdadeiro tabu herdado do passado, dessa falta de esclarecimento, enfim, que tantos desastres e desacertos ocorrem atualmente. Como gosto sempre de fazer, vamos ao histórico da questão para sabermos a causa da devassidão, da libertinagem desenfreada dos nossos dias. Como vocês devem estar lembrados, na semana passada falamos sobre a liberdade. E temos que reconhecer que a liberdade foi cerceada não apenas no campo social, mas também no campo das ideias, da ciência e da religião, culminando-se por reprimir um dos mais poderosos instintos naturais da criatura humana, que é o instinto sexual. Pois o Espiritismo afirma que o ser humano, com o seu corpo de carne, sangue, ossos e nervos, é governado pelas leis naturais que regem o plano físico deste mundo, entre as quais devemos destacar, para o assunto de hoje, a lei da preservação e reprodução da espécie. E, antes de mais nada, cumpre-nos definir desde já que todas as leis de Deus são sábias e perfeitas, visando ao equilíbrio e à harmonia de toda a natureza. Tendo o homem um corpo físico em tudo semelhante ao dos outros animais, está ele também sujeito às mesmas leis, de modo que não há nada de sujo no instinto sexual.

— E a história de Adão e Eva e a maçã? - perguntou Gumercindo.

— Em primeiro lugar, essa passagem, que consta da Gênese, não afirma que se tratava de uma maçã. Fala apenas do fruto da árvore do conhecimento do Bem e do Mal, cujo consumo havia sido taxativamente proibido por Deus. E Kardec afirma não ter cabimento a interpretação normalmente dada ao episódio, ou seja, a ideia de que o pecado teria sido de natureza sexual. Temos que encarar essa, da mesma forma que muitas outras passagens bíblicas, como alegorias que necessitam de interpretação. O que, reconheçamos, nem sempre é fácil ou possível. Em minha opinião, não devemos perder muito tempo com isso, pois a origem do homem, como espécie animal, se perde na noite dos tempos, resultando talvez da evolução de espécies mais primitivas, conforme teorias arqueológicas recentes.

— Mas você não acredita na Bíblia, vovô? - perguntou Zezé.

— É melhor não discutirmos essa questão agora, Zezé. Isso daria "panos pra mangas"...

— É, vamos deixar o vovô continuar - protestou Marcos.

— Pois bem. Quando a mente humana saiu das trevas dos instintos naturais para o alvorecer das primeiras e pálidas luzes da razão, iniciou-se o processo da acumulação de conhecimentos advindos das experiências vividas ao longo dos séculos. Em muitas sociedades primitivas, foi instituído o culto fálico, no qual o órgão sexual masculino era venerado como símbolo sagrado da fecundidade e da reprodução. O sexo era encarado com naturalidade e respeito, isento de malícia e sensualidade. Com o decorrer do tempo, contudo, a mente humana foi-se "complicando", entregando-se ao egoísmo, à cobiça, à vaidade e à luxúria. Com isso, surgiram os abusos de toda sorte, os desregramentos alimentares e sexuais, a devassidão e a libertinagem. Contra esse estado de coisas, as religiões trataram de tentar "botar ordem na casa", objetivando coibir os abusos com toda sorte de proibições, exortando os seus seguidores a controlarem os seus instintos "inferiores", atribuindo ao sexo conotações extremamente negativas, encarando-o como coisa "suja", ignóbil, vergonhosa. Em lugar de permitir a eclosão equilibrada do instinto sexual natural, preferiram reprimi-lo ao máximo, com exaltação mórbida da abstinência e da castidade. Criada pelos tabus do "pecado", a falta de liberdade para exercer a sexualidade natural tornou o homem uma criatura cheia de medos, de angústias, de neuroses.

— Mas isso, pelo jeito, não funcionou, não é, vovô? - perguntou Maurício.

— E nem poderia funcionar... É como tentar represar um rio indefinidamente... Mais cedo ou mais tarde, o dique se rompe. Reprimido dessa forma, o instinto sexual procurou outras formas de se manifestar, expressando-se em devassidão, libertinagem, em bacanais e orgias, ou em encontros secretos em lugares ermos, eclodindo, enfim, em toda parte, nos campos, nas cidades, nos castelos, nos palácios e até em mosteiros e conventos, derrubando os tabus e as proibições eclesiásticas, que eram obedecidos na aparência, mas sistematicamente violados às escondidas. Como, aliás, acontece até hoje.

— Mas hoje existe mais liberdade sexual, vovô - comentou Marcos. - Você é contra isso?

— É uma questão difícil de resolver, Marcos. As proibições não deram muito bom resultado. Mas parece que liberdade excessiva, também não. As pessoas, sobretudo os jovens, não me parecem hoje mais felizes do que eram antigamente. E os dramas decorrentes dessa permissividade sexual continuam a angustiá-los, sobretudo quando advém uma gravidez inesperada, por exemplo... Talvez o ideal fosse encontrar-se um meio termo. Nem proibições doentias e antinaturais, nem liberalidade desenfreada... Mas não adianta muito discutir isso, pois não teria fim. Afinal, não estamos num curso sobre sexualidade...

— E o que o Espiritismo tem a dizer sobre isso?

— É exatamente o que vou abordar agora, Marcos. É evidente que o instinto sexual é uma força criadora, destinada à reprodução, presente em quase todas as espécies de vida. No homem, a energia sexual, vamos chamá-la assim, não está circunscrita apenas aos órgãos do corpo físico, mas tem também um forte conteúdo psíquico e, portanto, espiritual. A união sexual de pessoas que se amam produz uma troca de energias positivas, levando ao pleno equilíbrio das forças físicas e psicológicas envolvidas no processo. A Filosofia Espírita encara o sexo como coisa bela e natural, a ser exercida entre duas pessoas que se amam, com respeito e dignidade. Na espécie humana, o sexo não pode ser exercido apenas com propósitos de reprodução, pois isso seria reprimir uma das mais poderosas forças que regem a nossa vida, desde o berço até o túmulo. Na relação sexual ocorre uma simbiose de forças psicofísicas que levam ao equilíbrio físico e mental, proporcionando ao casal bem ajustado nesse campo, completa satisfação e felicidade. Pelo desconhecimento dessa realidade, casais existem que nunca estão plenamente satisfeitos, ansiando por sensacionalismos, por "novidades", engendrando verdadeiras aberrações. Mas, por mais "inovações" que inventem por mais que troquem de parceiros, por mais que aprimorem as "técnicas" para obter excitação e prazer, nunca se sentirão felizes e satisfeitos, porque se esquecem do principal: aquela união de forças realizada de alma para alma, através da energia sexual, para atingir o ajustamento e a felicidade de dois seres unidos por sentimentos afins. Enquanto o ser humano não se conscientizar de que só o amor traz satisfação plena, continuará a errar como "alma penada", em busca de uma ventura sempre fugidia...

Vera perguntou, interrompendo:

— Vovô, como você encara então, ou melhor, como o Espiritismo encara o amor e o casamento? Se sexo não é amor, o que é, então, o amor?

— Eu não disse isso! Sexo é uma consequência natural do amor. Ambos se entrosam e se completam... Pelo menos, deveria ser assim...

— E o casamento?

— Bem, casamento já é uma outra história. É evidente que a união sexual entre homens e mulheres precede a instituição do casamento. Com o desenvolvimento da civilização, sentiu-se a necessidade de organizar essa questão. E, como nas sociedades primitivas, as normas, os regulamentos, para serem aceitos tinham que ter o respaldo da divindade, é natural que esse ordenamento surgisse sob a forma de preceitos religiosos. Esse tem sido, no meu modo de ver, o grande engano que obscurece essa questão. O casamento é uma instituição humana, criada para regulamentar, para dar consistência aos vínculos familiares, para proporcionar segurança à prole, entre outras coisas, não devendo jamais ser encarado como uma imposição divina. Por isso, não tem muito sentido a discussão sobre a indissolubilidade do casamento, como tem feito a Igreja Católica. Indissolubilidade, aliás, que nunca existiu de fato.

— Quer dizer, então, que o Espiritismo aceita o divórcio? - perguntou Vera.

— Antes de tudo, temos que compreender que o casamento, do ponto de vista do Espiritismo, é uma prova, vamos dizer assim. Ou seja, a união de duas pessoas não ocorre por acaso, mas faz parte do processo de nossas vidas. São dois espíritos que se reúnem para constituir uma família, com objetivos previamente traçados na espiritualidade, muitas vezes com características sacrificiais, de resgate mesmo. A ocorrência do divórcio, ou da separação pura e simples, como também costuma acontecer, significa apenas que uma das partes não suportou a prova e resolveu desistir. Ou ambas as partes, como costuma acontecer em divórcios consensuais. Seria um tanto irracional manter-se artificialmente um casamento que não beneficiasse a ninguém, marcado pela indiferença, pela infidelidade, ou por incompatibilidades irreconciliáveis, desavenças, brigas, rancores, em prejuízo da própria integridade psíquica dos cônjuges e dos filhos. Nesses casos, é melhor interromper a tentativa e procurar outros caminhos. Mas em geral, trata-se apenas de um adiamento, pois o motivo que determinou a união daqueles dois espíritos permanecerá à espera de uma solução, a ser obtida posteriormente, seja através de uma nova união, seja por algum outro meio.

Gumercindo interrompeu novamente:

— Desculpe, vovô, mas eu gostaria de pedir que a gente parasse por aqui hoje, pois temos muito o que estudar. Estamos em época de provas na escola. Não que não estejamos gostando do assunto. Temos o maior interesse em prosseguir...

— É verdade! - completou Maurício. - A gente tem que estudar bastante. Hoje mesmo, pretendemos estudar em conjunto.

— Tudo bem... Tudo bem... Continuaremos na próxima semana - respondeu Sabino. - Desejo a vocês toda a sorte nas provas...

O grupo despediu-se, retirando-se alegre como sempre.

12
Machismo, feminismo e aborto

FALTAVAM QUINZE MINUTOS para as dezessete horas quando Sabino percebeu que o grupo de jovens se aproximava, discutindo como de costume. Mesmo de longe, ele pôde ouvir a voz algo estridente de Vera, que altercava com Gumercindo:

— Você, com essa sua mania de machão! Não sou sua escrava, não! Corta essa! Eu, hein...

— E vocês, mulheres... Com essa ideia de igualdade com os homens... Feminista!

Percebendo que já estavam na presença de Sabino, interromperam a discussão, cumprimentando-o delicadamente, com caras de anjo:

— Oi, vovô! Boa tarde. Tudo bem? Mas que cara é essa?

— Boa tarde, meus jovens. - Sabino sorriu - Você e Gumercindo sempre discutem assim?

— Ah! Não liga, não. A gente se entende...

Sabino fez cara de dúvida:

— "A gente se entende"? Tem certeza disso? Não gosto muito de bancar o conselheiro, mas acho que vocês precisam se entender **mesmo**, de verdade. Lembrem-se de nossa conversa da semana passada, a respeito do casamento. Não se esqueçam de colocar num dos pratos da "balança do amor" o sentimento e no outro, a lógica da razão e do bom-senso. Desse modo, a balança tenderá a um equilíbrio satisfatório. Só sentimento, sem razão, ou só razão, sem sentimento, resultará certamente em desequilíbrio e separação.

Meio encabulados, ambos baixaram os olhos em silêncio. Marcos não perdeu a oportunidade de alfinetar ironicamente:

— É vovô. "Tem gente" entre nós que vive dizendo que se "ama", mas briga como "gato e cachorro"... Brigas de amor... Pois sim!

— Filhos, o verdadeiro amor aceita a pessoa amada como ela é, respeitando o seu modo de ser, procurando, apenas, com carinho e compreensão, fazer com que o outro retifique atitudes que estejam prejudicando o relacionamento.

Um silêncio embaraçoso tomou conta do grupo. Bem-humorado, Sabino tomou a palavra:

— Bem, gente. Deixemos isso pra lá... Se não me engano, vocês discutiam sobre "machismo" e "feminismo"...

Gustavo foi quem respondeu, rompendo o embaraço:

— É isso, vovô. Que tal você comentar algo sobre essa questão, hein?

— E também como a doutrina espírita encara o aborto, o uso de anticoncepcionais... - completou Zezé.

Sabino pensou um pouco, alisando o bigode branco e, por fim, começou:

— O homem primitivo, movido pelo instinto de conservação, procurava conservar "a ferro e a fogo" aquilo que com muito esforço conseguia conquistar, tanto coisas materiais, como o alimento e o lugar para morar, como também a sua companheira e os filhos decorrentes da união, tornando-se, assim, senhor absoluto da família. Mesmo com o desenvolvimento da civilização, quando então a mulher passou a ser cortejada ao invés de ser simplesmente "caçada", o seu estado de submissão permaneceu inalterado. O próprio apóstolo Paulo, influenciado pelos sentimentos vigentes em sua época, recomendou que as mulheres deveriam ser "submissas aos seus maridos". Já os muçulmanos obrigavam (e obrigam ainda, em muitos lugares) as suas mulheres a só aparecerem em público cobertas dos pés à cabeça, escondendo inclusive o rosto, enquanto permitiam que um homem tivesse tantas mulheres quantas conseguisse conquistar, formando haréns, guardados por eunucos (homens castrados) para evitar qualquer possibilidade de violações. Na era vitoriana, as mulheres eram obrigadas a trajar longos vestidos, com golas altas, mangas compridas, escondendo ao máximo as suas formas, numa demonstração de que, apesar de cobertas de joias e desfrutando de todo o conforto, continuavam prisioneiras dos caprichos e dos "sentimentos de honra" de seus maridos. Quaisquer transgressões, reais ou imaginárias, eram rigorosamente punidas, não sendo raros os casos em que a honra ofendida era "lavada com sangue". No tempo de Jesus, por exemplo, as adúlteras eram apedrejadas até a morte, sem que houvesse qualquer referência a igual castigo aplicado ao seu "cúmplice" masculino no adultério, lembrando apenas o óbvio, isto é, que a mulher jamais poderia adulterar sem o concurso de um parceiro...

— É isso aí, vovô! - exclamou Vera. - É o que eu vivo dizendo. A mulher é sempre a culpada...

Percebendo que a discussão poderia se reacender, Sabino apressou-se em continuar.

— E não é só isso. O sentimento de superioridade cultivado pelos homens envolvia as mulheres - esposas, filhas, irmãs - numa auréola de "fragilidade", usando esse conceito como desculpa para a necessidade de "protegê-las", quando na verdade o que realmente queriam era mantê-las como cativas, submetidas aos caprichos de sua "autoridade". Elas não podiam andar desacompanhadas nas ruas, não podiam opinar sobre nada. Nem sequer podiam votar! Para vocês terem uma ideia, até há bem pouco tempo, na época de Kardec, que não é tão remota assim, discutia-se seriamente se a mulher tinha de fato uma "alma"!

— Isso tudo é o que poderíamos chamar de "machismo", não é, vovô? - disse Zezé, com sua calma habitual.

— Sem dúvida, Zezé. E esse estado de coisas, embora tenha se modificado um pouco, ainda persiste na mente de muitos homens. Ainda hoje o termo "machão" é muito usado entre vocês - disse isso dirigindo-se aos rapazes - como símbolo da masculinidade, da virilidade... É ou não é?

— Claro que é! - disseram todos.

— Pois não deveria ser. Vocês, como quase todo mundo, consideram "machão" somente o homem viril, conquistador, esquecendo-se de uma coisa essencial: o espírito! Não levam em conta que o corpo físico envelhece, o vigor desaparece, a virilidade "vai pro espaço"... O que sobra, então? O verdadeiro homem, no sentido masculino do termo, é aquele que sabe respeitar a sua mulher, mãe, irmã, noiva, namorada... Que procura protegê-las, ampará-las, mas sem querer escravizá-las. Que possa ser, ao mesmo tempo, galante mas respeitador; viril, mas sabendo controlar e dosar, através da razão, seus instintos sexuais.

— E o feminismo, vovô? O que você acha disso? - perguntou Marcos.

— Bem, cansadas dessa dominação, algumas mulheres, pioneiras, insurgiram-se contra o estado de coisas vigente, tentando externar o seu inconformismo através de comportamentos extravagantes, chocando a opinião pública conservadora e retrógrada. Mais tarde, mais mulheres foram despertando para a necessidade de lutar por sua emancipação, surgindo, então, os diversos movimentos chamados genericamente de "feministas", visando à sua libertação social e sexual. Pouco a pouco, foram abrindo caminhos, passando a participar mais dos negócios, da política, livraram-se das pesadas roupagens a lhes tolherem os movimentos. A liberdade sexual demorou um pouco mais a ser obtida, não apenas porque seus instintos sexuais foram muito mais reprimidos do que os dos homens, mas também porque havia o sério inconveniente de que relações sexuais podiam resultar em gravidez... Só com o advento dos contraceptivos atuais é que a liberdade sexual passou, de fato, a fazer parte das conquistas femininas. Mas não pensem que isso tudo está acabado... Essas conquistas ainda são relativas... Acho até que a maioria das mulheres permanece tão ou mais submissas do que sempre foram.

— Mas vovô, você realmente acha que as mulheres podem ser iguais aos homens? - atalhou Maurício.

— Deus me livre disso! - exclamou Sabino, rindo. - E quem é que quer isso? Eu, de minha parte, quero que elas continuem a ser essas belezas que sempre foram...

— Ah! Não é isso, vovô! Quero dizer com relação aos direitos... Você acha certo que uma mulher saia por aí, "transando" com todo mundo?

— E você acha certo um homem fazer isso?

— Mas homem é diferente...

— Por quê?

Maurício embatucou, sem encontrar argumentos.

— Na verdade, Maurício, nem as mulheres querem - e nem devem querer - ser "iguais" ao homens. Como se costuma dizer, "cada um na sua"... Acho até que se elas se igualassem aos homens, sairiam perdendo... As mulheres têm os mesmos direitos que os homens, mas não devem perder de vista que liberdade implica em responsabilidade, assumindo que essa igualdade deve ater-se às oportunidades de progresso moral, intelectual, profissional. Se tentarem igualar-se aos homens em todos os aspectos, elas acabarão por adotar deles todos os vícios, os defeitos, a licenciosidade, a irresponsabilidade. Há um outro aspecto que não deve ser negligenciado: o lar. Embora hoje em dia já se admita a divisão de responsabilidades, o cuidado com o lar, com os filhos, continua a ser atribuição quase que exclusivamente feminina. "Partindo para a luta" por seus espaços, muitas mulheres têm abandonado sua sagrada missão de governar o lar, de ser o ponto de apoio da família, a educadora dos filhos. Sem o amor e o carinho maternos, muitas crianças crescem e se formam sob cuidados de babás ou governantas frias, indiferentes, tornando-se, assim, adolescentes e mesmo adultos ressentidos, egoístas, insensíveis.

— E a pílula, vovô? Como o Espiritismo vê isso? - perguntou Vera.

— Na verdade, não há, nem poderia haver, referências expressas aos anticoncepcionais nos livros de Kardec, uma vez que não existiam naquela época. Mas o Espiritismo, como já se disse, é a doutrina do bom-senso. Por isso, e considerando que a paternidade, do ponto de vista espírita, envolve enorme responsabilidade, uma vez que os filhos não são, como muitos pensam, "propriedade" de seus pais, mas espíritos independentes, confiados à guarda de seus genitores, o bom-senso recomenda que os casais se programem para terem apenas os filhos que forem capazes de criar, de orientar, de educar adequadamente.

— E o aborto? - perguntou Marcos.

— Ah! Aborto já é uma história completamente diferente. Muito se tem discutido hoje, em nosso país, sobre essa questão. As feministas, de um modo geral, defendem a legalização do aborto, usando como argumento o seu direito de dispor livremente do seu corpo, decidindo, portanto, se desejam ou não o crescimento do feto dentro dele. Essa é uma posição absurdamente errada do ponto de vista espírita. Para começar, não se trata de decidir sobre assunto relacionado ao corpo da própria mulher, mas ao corpo de uma outra pessoa. Não podemos esquecer jamais que o feto é um espírito em busca da encarnação. O direito de dispor do seu próprio corpo, não dá à gestante o direito de dispor da vida alheia. Como os espíritos afirmam que já no momento da concepção ocorre a ligação do espírito ao futuro ser, temos de considerar que desde o primeiro momento estamos diante de um ser humano integral, corpo e alma. Portanto, eliminá-lo constitui um assassinato, seja lá como for que pretendam mascarar esse fato. E não tenham dúvidas de que os responsáveis terão que prestar contas desse ato perante as leis que regem a vida.

Sabino fez uma pausa e percebeu que suas palavras tinham impressionado os jovens.

— Puxa, vovô! Eu nunca tinha pensado muito nessas coisas... Pelo menos, não desse jeito - observou Gumercindo.

— Bem, são as consequências dos conhecimentos espíritas, meus rapazes. Especialmente dos aspectos filosóficos da doutrina...

— É, a gente já vai indo. Ainda estamos tendo provas, por isso temos que estudar bastante.

— Muito bem, Marcos. Estudem mesmo, pois é assim que vocês se preparam para o futuro. Na próxima semana, prosseguiremos, se Deus quiser...

— Então, tchau vovô! - disseram eles, partindo.

— Tchau, moçada! - respondeu Sabino, levantando-se também.

13
Drogas, homossexualismo, delinquência infantojuvenil

COMO É NORMAL PARA A ÉPOCA, fazia frio naquela tarde de junho. Sabino encolheu-se no seu banco, pois um vento frio e penetrante arrepiava-lhe a pele, apesar de estar agasalhado.

— Que frio terrível! - murmurou consigo mesmo.

Levantou os olhos e percebeu que o grupo de jovens se aproximava. Alguns esfregavam as mãos tentando se aquecer.

— Boa tarde, vovô! Que frio, hein? - disse Marcos.

— Boa tarde. É verdade... Hoje realmente o frio está "de lascar"...

— Olha, vovô. Acho que não dá para a gente ficar aqui, expostos a este frio, nem nós e muito menos você, sentado nesse banco de cimento gelado... Isso faz mal... Vamos fazer a nossa reunião de hoje ali na confeitaria da esquina? Lá, existe um reservado onde poderemos conversar à vontade. Tenho certeza que o "seu" Manoel vai concordar...

— Por mim tudo bem... Como vocês costumam dizer, acho que "é uma boa"...

Levantaram-se todos e, atravessando diagonalmente a praça, chegaram à confeitaria. Após a anuência do proprietário, juntaram duas mesas e sentaram-se à volta. Um garçom magricela, com modos afeminados aproximou-se:

— Os senhores vão querer alguma coisa?

Os jovens fizeram os seus pedidos: chocolate quente, torradas e bolachas. Sabino preferiu um chá.

— É pra já! - disse o garçom.

Todos acompanharam o andar afetado do rapaz ao retirar-se para providenciar o pedido, sufocando o riso que ameaçava explodir. Gustavo observou, maldoso:

— Olha só o João! Parece...

Marcos lançou-lhe um olhar de advertência:

— Cuidado com as palavras! O coitado pode ouvir e se ofender...

— Qual nada! Ele até que gosta...

Iniciou-se ali uma pequena discussão, o que levou Sabino a interferir:

— Gente, que tal pararmos com esse "bate-boca" e conversarmos sobre alguma coisa mais agradável?

— É isso mesmo - observou Zezé. - Esse "papo furado" não leva a nada...

João voltou, colocando sobre a mesa os produtos pedidos.

— Se precisarem de mais alguma coisa, é só chamar - disse ao retirar-se, não antes de lançar sobre Maurício um olhar melífluo...

Este reagiu prontamente:

— Eu, hein?! Corta essa, meu...

— Bem, vamos em frente - disse Sabino. - Sobre o que vamos falar hoje?

— Existem algumas coisas que me "encucam", às vezes. Por exemplo, essa questão das drogas... E homossexualismo... E a violência, então?... Há crianças cometendo crimes... - disse Marcos.

— Ótimos temas - respondeu Sabino. - Vamos tratar disso. Mas devo avisar desde já que não são coisas fáceis de abordar. Com relação às drogas, sabemos que elas são usadas desde as eras mais remotas, nas mais diversas partes do mundo, com os mais variados propósitos. Muitos povos primitivos as usavam até como partes de rituais religiosos. Mas as drogas mais conhecidas antigamente, como o ópio, para ficar num só exemplo, foram trazidas do Oriente, principalmente da China, para a Europa. Mas quando se fala em drogas, queremos na verdade falar sobre a dependência que elas causam. Assim, não devemos esquecer que existem outras substâncias que, mesmo lícitas, causam grandes danos, tanto do ponto de vista físico e psíquico do próprio dependente, como graves consequências sociais e familiares. É claro que estou falando de dois grandes flagelos do mundo civilizado, o álcool e o fumo.

— Mas por que as pessoas se tornam dependentes? - perguntou Marcos.

— É uma boa pergunta... Mas a resposta é complexa. As ervas, o álcool, o fumo e os diversos produtos químicos atualmente conhecidos, como o LSD, por exemplo, atuam de variadas formas sobre o sistema nervoso e o cérebro, provocando sensações de euforia, de bem-estar, de coragem, ou mesmo alucinações visuais intensas e muito agradáveis. Estou resumindo as coisas, senão não teria fim. Basicamente, é isso: as drogas provocam, num primeiro momento, sensações muito agradáveis. Os adolescentes, inseguros e insatisfeitos como costumam ser, inconformados com a vida moderna, com a sua falta de perspectivas, encalacrados entre a hipocrisia e a violência de um lado e a falta de apoio moral e espiritual de outro e, ainda, estimulados pelos "amigos", acabam caindo na armadilha de buscar nas drogas uma ilusória sensação de euforia e felicidade momentâneas. A falta de amor, compreensão e entendimento, entre eles e os membros das "velhas gerações" criam insatisfações e carências em seus corações. Os conceitos dogmáticos e arcaicos das igrejas ditas cristãs não os convencem, tornando suas mentes ocas, vazias... Assim, uma sede muito grande de "algo novo e excepcional" toma de assalto seus espíritos, levando-os a tentar superar as suas angústias, suas neuroses, seus traumas, a serem "fortes", "ousados", "desinibidos"... Como nem a família, nem a sociedade e nem as religiões são capazes de preencher essas lacunas de carência afetiva e equilíbrio emocional, apelam para o sensorial ilusório. Infelizmente, tudo na vida tem um preço. O efeito das drogas é temporário... E quando cessa, causa o que se chama de "síndrome da abstinência", que varia de droga para droga, mas que é sempre terrivelmente desagradável. Ora, sair de uma fase de extrema euforia, para uma de extrema depressão faz com que o indivíduo deseje ardentemente voltar ao estado inicial... De que jeito? Usando mais drogas... Está aí iniciado um círculo vicioso: drogas, euforia, depressão, mais drogas... Se o jovem não tiver uma sólida formação moral, não contar com uma estrutura familiar que o defenda, será um forte candidato a tornar-se dependente. Como as drogas em geral são caras, a falta de dinheiro para comprá-las leva o neo-viciado, num primeiro momento, a tentar conseguir dinheiro em casa, seja por meios lícitos, ou através do furto e da venda de objetos domésticos, e depois, a tornar-se, ele próprio, traficante, para obter recursos para manter a dependência. Daí para a criminalidade pura e simples, é apenas um passo.

Sabino fez uma pausa e verificou que os moços estavam quietos, pensativos. Talvez analisando a si próprios...

Marcos, por fim, rompeu o silêncio:

— Além de dependência, o que mais a droga provoca na pessoa?

— É claro que cada droga age de uma maneira diferente, mas todas prejudicam bastante o organismo do dependente, provocando alterações no sistema nervoso central, problemas circulatórios e cardíacos, e muitas outras coisas igualmente graves. Sem esquecer que, com o passar do tempo, as doses necessárias para produzir o "barato" são cada vez maiores, de modo que são comuns as chamadas mortes por "overdose", que vem a ser morte provocada por dosagem excessiva da substância tóxica.

— E o Espiritismo, vovô? Como é que encara isso? - perguntou Vera.

— O Espiritismo ajuda a resolver essa questão. Ao suprir as deficiências das religiões tradicionais, explicando racionalmente o problema do ser, do destino e da dor, alimentando os corações subnutridos com o substancioso conhecimento baseado na razão e no bom-senso, ele permite ao ser humano encarar a vida terrena, com seus problemas, com as suas dificuldades, de uma forma totalmente nova. A vida deixa de ser uma sucessão de fatos aleatórios, sem sentido e nem propósito, passando a ser vista como uma oportunidade de progresso espiritual, como mais uma etapa no processo de aperfeiçoamento do nosso espírito. Acredito muito que uma das grandes contribuições trazidas pelo Espiritismo é justamente essa valorização da vida... Os jovens, sobretudo, devem se conscientizar dessa realidade: a vida humana na Terra é importantíssima, é uma oportunidade valiosa que nos foi oferecida e que não nos é lícito desperdiçar! Todos nós, desde o mendigo mais humilde até os mais destacados profissionais, políticos, nobres, até os reis e presidentes, todos, repito, são espíritos imortais participando desse processo de aperfeiçoamento, através de sua encarnação no planeta. Por mais vazia, por mais insignificante e sem perspectivas que a vida nos pareça, o certo é que ela deve ser valorizada e aproveitada ao máximo, pois segundo consta, há uma fila de espíritos "esperando a vez" de reencarnar...

João aproximou-se a um chamado de Sabino:

— Por favor, quer trazer-me outra xícara de chá?

— Pois não.

— E o homossexualismo, vovô? - perguntou Vera, enquanto acompanhava o garçom com os olhos.

— É outra questão complexa... E também um tanto controvertida dentro da própria doutrina. Do ponto de vista, digamos, médico não há consenso sobre as causas da homossexualidade. Falando como leigo, naturalmente, tem-se a impressão de que não se trata de uma simples disfunção hormonal, como, às vezes, se defende, pois se fosse assim, bastaria corrigir tal disfunção para que o comportamento da pessoa mudasse e ela se tornasse "normal". E também não acredito que seja uma "falha de criação", como muitos pretendem, isto é, que um menino criado com muito mimo, com excesso de carinho, com superproteção da mãe, ou convivendo somente com mulheres, venha a se tornar homossexual. Pode até adquirir certas maneiras meio femininas, mas, na minha opinião pessoal, é mais provável que se torne egoísta, autoritário, insensível e não homossexual. A não ser que ele já tenha essa tendência. No fundo, parece que a grande questão que se coloca é esta: homossexualidade é "doença" ou é "falta de vergonha".

— E você, vovô? O que acha que é? - perguntou Marcos.

Sabino respondeu rindo:

— Eu não acho nada... Eu só perco... Vivo perdendo coisas...

Os jovens riram. Sabino fez uma pausa e depois continuou:

— Neste caso, só posso dar uma opinião pessoal, um "palpite"... Talvez não seja nem uma coisa nem outra... Que é um desvio de comportamento, parece evidente. Ou seja, a pessoa se comporta de maneira diferente daquela que se esperaria do seu sexo. Temos homens se comportando como mulheres e também mulheres se comportando como homens. Isso torna evidente a diferença entre sexo, determinado pelos órgãos do corpo, que faz com que alguém seja "homem" ou "mulher", e a sexualidade, determinada por fatores psicológicos.

— E o Espiritismo, vovô? O que tem a dizer sobre isso? - perguntou Maurício.

— Bem, como eu disse, é matéria controvertida dentro do movimento espírita.

— Que história é essa de "movimento espírita"? - perguntou Marcos.

— É que eu gosto de diferenciar "doutrina espírita" das atitudes e posturas dos espíritas. A "doutrina espírita" está codificada nos livros de Allan Kardec. Existem muitas outras obras, de diversos autores, encarnados e desencarnados, que são divulgadas e aceitas por muitos como "subsidiárias" à Codificação. Mas, segundo penso, ainda não adquiriram "autoridade" para serem incorporadas à doutrina. Neste caso concreto, por exemplo, Allan Kardec praticamente não tratou desse assunto. Portanto, não há uma "posição oficial" do Espiritismo a esse respeito. A questão central é que os espíritos não têm sexo. Ou seja, um mesmo espírito pode encarnar ora como homem, ora como mulher. Há autores, como Léon Denis, por exemplo, que discordam dessa opinião. Para ele, um espírito de "homem" não pode encarnar num corpo de mulher e vice-versa.

Quando isso ocorre, temos o homossexualismo. Por essa visão simplista, o homossexualismo seria apenas isso: espíritos encarnando com o "sexo errado". Acho que tal postura contradiz Kardec. Em primeiro lugar, porque em *O Livro dos Espíritos* se afirma, e o bom-senso confirma, que um espírito, para se tornar perfeito, precisa adquirir todo o conhecimento possível, tem de passar por todas as experiências. Se um espírito sempre fosse "homem", jamais saberia o que sabem, o que sentem as mulheres. E vice-versa... Não conseguiria, dessa forma, completar o seu desenvolvimento espiritual, pois seria sempre um espírito "capenga", que só saberia "um lado da história"... Resumindo, os espíritos **precisam** encarnar ora como homem, ora como mulher. Não se trata, portanto, de "cochilos" da natureza, do "destino", como se costuma dizer.

— Mas, então, como ficamos? - perguntou Vera.

— Eu penso que, de um modo geral, essa troca ocorre, sem que isso, apenas isso, determine o homossexualismo. Observando o comportamento, a personalidade das pessoas, verificamos que existem homens que são sentimentais, gentis, sensíveis e prestativos, sem que sejam homossexuais. E também o caso de mulheres que são firmes, determinadas, tenazes, sem que, da mesma forma, sejam "sapatões"... Como regra geral, ocorre na reencarnação um esquecimento quase completo do nosso passado... Ficam apenas vagas lembranças, que se apresentam como aptidões para determinadas coisas, ou como certas características pessoais... Mas, em alguns casos... Aí podem ocorrer realmente desvios. Ou seja, as características do passado podem se tornar muito mais evidentes na vida atual, levando a pessoa a ter um comportamento, digamos, "anormal"... Eu vou fazer agora uma pergunta: vocês gostariam de ser homossexuais?

— Deus me livre! - exclamou Marcos.

— Nem pensar! - emendou Gustavo.

— E as meninas? - perguntou Sabino.

— Eu não gostaria de jeito nenhum. Estou muito contente de ser o que sou.

— Nem eu! - completou Zezé.

— Bem, parece que todos concordam em que ser homossexual não é "uma boa"...

— Fatal, vovô! É isso aí mesmo.

— Pois é, Marcos. Todos concordam que atravessar a vida carregando o fardo de ser homossexual é "uma barra"... Ninguém aceita, a família sofre, eles próprios precisam se reprimir, se esconder... Poucos são os que conseguem resolver satisfatoriamente essa questão e viver bem. Ora, um dos fundamentos da doutrina espírita é que ninguém passa pelo que não merece. Dessa forma, acho que a melhor maneira de encarar isso é aceitar que os espíritos realmente encarnam tanto em corpos masculinos como em femininos e que, de acordo com o plano que rege cada uma de nossas existências, em alguns casos, isso faz com que a pessoa seja compelida a passar pela experiência da homossexualidade. Mas não por "acaso", por "acidente", mas como parte de um plano de aprendizado, como parte de um processo de aquisição de experiências, com vistas ao desenvolvimento do espírito.

Sabino fez uma pausa ao perceber que os jovens estavam pensativos. Marcos, mais uma vez, quebrou o silêncio:

— Vovô, sabe que nunca ninguém tinha colocado esse assunto dessa forma? Acho que vou mudar o meu modo de ver a questão...

— Na verdade, Marcos, o Espiritismo nos convida a enxergar as pessoas de uma outra forma... Com muito mais compreensão, com muito mais boa vontade... Devemos considerar a todos como irmãos nossos, como seres que, por piores que pareçam, são espíritos envolvidos num processo de evolução. E, portanto, devem ser aceitos, com as suas características individuais e, sobretudo, com as suas diferenças, pois cada um de nós está situado num determinado degrau na escada da evolução... Uns mais acima, outros mais embaixo... E todos passando pelas experiências necessárias, adequadas ao seu crescimento espiritual. Lembrando, aliás, as palavras de Jesus que, questionado sobre o fato de ser visto muitas vezes em companhia de gente de má vida, afirmou que "são os doentes que precisam de médico..." Ou seja, os sofredores é que precisam de compreensão e amparo...

Olhando pela janela, Sabino percebeu que já estava escurecendo.

— Gente! Já está ficando tarde. Acho melhor pararmos por aqui... Se eu chegar muito tarde em casa vou apanhar da patroa...

O riso foi geral.

— Que é isso vovô? Você não é o "machão", o "manda-chuva" lá na sua casa? - caçoou Vera.

— Nem tanto, nem tanto - respondeu ele, rindo.

— Bem, vamos andando. Pode deixar que nós pagamos a conta, vovô.

— Obrigado, Maurício. Mas da próxima vez, pago eu.

— Tudo bem, vovô. Até a próxima, então.

— Até...

14

O Espiritismo como ciência, filosofia e religião

UMA GAROA FINA E FRIA CAÍA, persistente, e um vento frio fustigava o rosto dos transeuntes que passavam apressados pela rua, procurando abrigar-se da intempérie. Por isso, Sabino e os moços tiveram de voltar a se reunir na confeitaria. E porque conversavam animadamente, num clima de alegria e camaradagem, chamaram a atenção de um jovem casal de namorados, que os observava com insistência. O rapaz comentou:

— Que estranho grupo! Faz-me lembrar Sócrates ou Platão rodeados por seus discípulos... É difícil, hoje em dia, que jovens se disponham a ouvir um velho...

— E eles parecem bem interessados no assunto! Eu daria tudo para saber sobre o que estão falando... - comentou, curiosa, a moça.

O casal observou-os ainda por algum tempo. A seguir, pagaram a conta, dirigindo-se à porta de saída. Ao passarem rente às mesas em que o grupo conversava, a moça não conteve a curiosidade, apresentando-se, amável:

— Boa tarde, gente! Que dia feio hoje, hein?

Surpresos, os jovens interromperam a conversa, olhando admirados para o casal à sua frente. Sabino respondeu sorrindo:

— Boa tarde! Realmente, o tempo está horrível... Isso para nós, animais... Para as plantas, o tempo está ótimo...

Todos riram. O rapaz tentou explicar-se:

— Desculpem a interrupção... É que a minha namorada não aguentou a curiosidade... Não é comum ver-se pessoas jovens tão entrosadas e ouvindo com tanta atenção um vel..., quer dizer, uma pessoa de idade...

— Pode me chamar de velho, mesmo - comentou Sabino rindo. - Não tenho porque fugir à realidade...

O moço prosseguiu:

— O assunto parece ser muito interessante. Eu até comentei com Clara, minha namorada, que vocês parecem discípulos de Sócrates ou Platão rodeando o mestre...

O grupo riu gostosamente da comparação. Sabino respondeu, divertido:

— Ficamos extremamente honrados com a comparação! E quanto ao assunto, é quase o mesmo que Sócrates, a seu tempo, discutia com os seus amigos: filosofia, ciência, religião...

Maurício interveio:

— Isto aqui é um "curso dinâmico de Espiritismo".

Os dois jovens fizeram um gesto de espanto. A moça observou, entre incrédula e assustada:

— Espiritismo!? Cruz credo!

— Eu pensei que fosse algo mais sério - disse o rapaz, já agora inseguro e meio decepcionado.

Os membros do grupo trocaram entre si olhares divertidos. Sabino respondeu calmamente:

— Mas é um assunto muito sério... É a mais pura filosofia. No duro!

Ante o ar de espanto do casal, Gustavo observou:

— É, no começo a gente também tinha uma ideia completamente errada a respeito do Espiritismo. Pode crer que o Espiritismo não é essa doidice que dizem por aí, não. O vovô Sabino vem explicando o que ele é na realidade. O povo costuma confundir coisas esquisitas, sobrenaturais, com Espiritismo.

O casal permaneceu como que imantado, preso ao lugar por uma estranha força, ouvindo com interesse. Sabino convidou:

— Por que vocês não se juntam a nós, participando dos nossos estudos?

Os dois namorados olharam para a chuva que continuava a cair lá fora. Consultaram-se com o olhar. A moça pediu:

— Vamos ficar, meu bem?

— Bem, que seja... Se vocês nos permitem...

— É claro que sim. Cheguem mais duas cadeiras e sentem-se conosco.

— Meu nome é Paulo - disse o moço. - E esta é Clara, minha namorada.

Cada um dos outros jovens se apresentou.

— E este é Sabino, nosso "professor" - completou Vera.

Sabino fez um aceno de cabeça:

— Na verdade, sou apenas um velho aposentado, estudioso do Espiritismo, que teve a felicidade de encontrar um grupo de gente bacana disposta a ouvir as suas arengas... Mas, mudando de assunto, quero dizer a vocês dois - disse, dirigindo-se a Paulo e Clara - que a doutrina espírita é muito diferente daquilo que as pessoas em geral pensam. Nada parecido com histórias de terror, de assombrações, fantasmas, ou coisas exóticas, rituais cabalísticos e essas coisas todas. Desde o início, o Espiritismo foi organizado para ser uma filosofia, uma ciência e, por fim, uma religião...

— E por que você disse "por fim, uma religião"? - perguntou Paulo, revelando-se atento ao que Sabino falava.

— Porque ele teve início com a observação de fatos incomuns, estranhos, que nós hoje chamamos de "fenômenos de efeitos físicos", o que proporcionou aos pioneiros, sobretudo a Allan Kardec, conhecimentos cada vez mais minuciosos sobre a realidade da existência do espírito, de sua sobrevivência após a morte, da possibilidade da comunicação dos chamados "vivos" com os supostos "mortos" etc. Só um pouco mais tarde é que se perceberam as consequências filosóficas e morais desses conhecimentos. Ora, moral tem tudo a ver com religião...

— Mas essas coisas existem mesmo? - perguntou Clara.

— Para não me alongar muito, digo que sim, com toda a certeza. Muitos fatos já foram investigados no passado, inclusive por cientistas de primeira linha, como William Crookes...

— O tal da "ampola de Crookes"? - questionou Paulo, meio incrédulo. - Ele era físico... Que é que foi fazer no Espiritismo?

— Pois foi ele mesmo. Prêmio Nobel de Física... Na verdade ele não "veio" para o Espiritismo. O seu objetivo inicial era "desmascarar" o que ele julgava um "embuste"... Mas, como se costuma dizer aqui no interior, ele simplesmente "caiu do cavalo"... Os fatos eram autênticos... Ele teve que se render à realidade. Mas certamente o seu maior mérito foi não ter se recusado a dar o seu testemunho da verdade.

— Mas como foi que tudo isso começou? - perguntou Paulo, já agora muito interessado.

Sabino olhou para os seus "antigos" meninos, como que para obter o consentimento deles. Afinal, teria que repetir muita coisa que já havia dito.

— Bem, vocês que já estão comigo há mais tempo devem ter um pouco de paciência enquanto eu vou tentar resumir as coisas para os nossos novos amigos.

— Vá em frente, vovô! - aprovou Marcos.

— O Espiritismo, tal como o conhecemos hoje, surgiu em meados do século XIX, na França. Nessa época, a sede de conhecimentos estava no auge. Havia uma "fome" intelectual. Velhas doutrinas filosóficas e religiosas eram contestadas, pensadores libertavam-se das amarras das ideias arcaicas e ultrapassadas. Fenômenos insólitos...

— Vovô! Simplifica... O que é "insólito"?

— Desculpe, gente! Às vezes, eu me empolgo um pouco e começo a falar como se estivesse numa tribuna... Fenômenos estranhos, incomuns, começaram a ser observados em várias partes, despertando a atenção de muitas pessoas. Movimentos de objetos sem contato aparente, pancadas e ruídos inexplicáveis, mesas que se levantavam sozinhas e muitos outros, igualmente "sobrenaturais"... O professor francês Hyppolite Léon Denizard Rivail, que se celebrizou sob o pseudônimo de "Allan Kardec", foi um dos que se interessaram pelos fenômenos. Com muita dedicação, perseverança e, sobretudo, com muito discernimento, ele passou a estudá-los sistematicamente, concluindo pela sua realidade, num primeiro momento e, depois, pelas enormes consequências filosóficas que acarretavam. Pôde ele, assim, separar o que era realidade do que eram apenas crendices e superstições. O cuidado de Kardec com a racionalidade chegou até à questão das palavras. Como ideias espiritualistas existem "desde que o mundo é mundo", ele cunhou duas novas palavras: "Espiritismo", para designar o novo campo que se abria e "espírita", para definir os seus adeptos.

— Interessante, vovô! Criar palavras... - disse Marcos.

— Pois é! - continuou Sabino. - Assim era Kardec: o bom-senso em pessoa... Mas, vamos continuar. Como eu já disse, além de Crookes, muitos outros cientistas estudaram os fenômenos, dando origem assim ao que poderíamos chamar de "ciência espírita". Uma vez provadas cientificamente a continuidade da vida após a morte do corpo e a possibilidade de comunicação entre os espíritos e os homens, perguntas filosóficas se impuseram: se a alma dos homens sobrevive à morte e se comunica com os "vivos", não seria, então, imortal? Com isso, as teorias materialistas não se tornariam meras bobagens? Por que e para que vivemos? Percebemos, portanto, que em decorrência das descobertas da "ciência espírita", surgiu a "filosofia espírita", abordando essas velhas questões que há séculos desafiam a inteligência humana: o problema do ser, do destino, da dor... Mas analisando-as sob um novo prisma, ou seja sob o prisma espiritual, do imutável, do imortal, contrapondo-se aos negativos e tristes conceitos materialistas do mortal e do finito... que tanto têm infelicitado a alma humana... Novos horizontes e novas perspectivas se abriam aos homens, não mais considerados como "uma paixão inútil", mas como ser imortal, lutando por evoluir, por ascender na escala do progresso infinito. Os conceitos filosóficos espíritas, por sua vez, alongaram-se em **conceitos morais**: uma vez provada a imortalidade da alma humana, ruíram os arcaicos conceitos de "céu e inferno"... Os pesados grilhões de terror que constrangiam o pobre coração humano, rompiam-se... O homem passava a ver-se como senhor e artífice do seu próprio destino, responsável pelo seu futuro, passando a ver Deus não mais como um ser terrível e sádico, que castiga sem piedade, mas como um pai que ama imparcialmente a todos os seus filhos, oferecendo-lhes iguais possibilidades de aprender e evoluir. Assim, como um prolongamento, como uma consequência da filosofia espírita, surgiu a Religião Espírita. Mas não uma "religião" no sentido convencional, cheia de rituais, sacerdócio, igrejas de pedra, mas uma religião nos moldes preditos por Jesus, quando declarou à mulher samaritana: "dia virá em que adorareis a Deus em espírito e verdade". A religião espírita tem Deus como Pai; como altar, nossa consciência; como dogma, o amor fraterno; como sacerdote, nosso próprio coração a oficiar o ritual do culto ao Bem. Assim, concluímos estar provado que podemos encarar o Espiritismo como ciência, filosofia e religião, três aspectos que são elos de uma corrente, elos que se encadeiam e se completam harmoniosamente. Deu para entender?

— Deu! - responderam os jovens em uníssono,

Clara comentou:

— Pelo que vejo, vocês estão agora na parte filosófica...

— Sim - respondeu Sabino. - Mas, se vocês quiserem se integrar ao grupo, perceberão que tudo se entrosa: os aspectos científicos, filosóficos e religiosos estão sempre se cruzando, de modo que me parece possível a vocês acompanharem o "andor" daqui para a frente.

— Queremos, sim! - disse Paulo.

— Pois nós nos reunimos aí na praça toda sexta-feira. Só estamos aqui na confeitaria porque está chovendo...

— Pois nós viremos, sem dúvida - disse Clara.

— Bem, já está escurecendo. Acho melhor encerrarmos por hoje - disse Sabino.

Os jovens se movimentaram para ir embora. Chamaram o garçom e pediram a conta. Paulo fez questão de pagar, sob protesto dos demais.

— Tudo bem - disse Maurício. - Mas da próxima vez, nós pagamos.

Todos concordaram e saíram, enfrentando a garoa fina que continuava a cair.

15
O Espiritismo como religião

FÉRIAS! ENFIM AS TÃO ESPERADAS FÉRIAS... Os jovens corações estudantis vibravam felizes. Mais uma etapa fora vencida. Agora, era descansar para reabastecer a mente com novas energias para enfrentar o segundo semestre. O frio persistia, embora mais ameno. Sabino e seus amigos haviam combinado voltar a se reunir na praça, a qual, naquela tarde, regurgitava de crianças de todas as idades que, aproveitando o sol, brincavam alegres, numa sadia algazarra. O velho aguardava o grupo de jovens acompanhando com olhar divertido as brincadeiras da criançada. Paulo e Clara foram os primeiros a chegar. Os demais não tardaram muito, de forma que logo estavam todos reunidos em torno de Sabino. Após os cumprimentos de praxe, dos comentários a respeito do tempo, eles permaneceram por algum tempo conversando sobre amenidades. Sabino percebeu que Paulo e Clara permaneciam em silêncio, pensativos.

— O que é que há com vocês? - perguntou meio preocupado.

— Não há nada, não, vovô! Sabe, pelo caminho a gente vinha observando como a natureza é bela, o céu tão azul, as flores tão coloridas e perfumadas, as crianças brincando na praça...

Clara completou:

— É verdade! Tudo é belo e harmonioso... Deus parece estar em tudo, em toda esta beleza deslumbrante...

— Deus está em toda a natureza? Vocês acham? - perguntou Sabino.

— Sim, eu acho que Deus está na natureza e em tudo o que criou - respondeu Clara.

— Eis aí um bom tema para hoje... Adentraremos, assim, na parte religiosa do Espiritismo. O que é que vocês acham?

— É uma boa... "Deus" é um tema sempre interessante... E tão contraditório! - exclamou Clara. Os outros concordaram plenamente. Gumercindo acrescentou:

— Os temas religiosos são os que mais "encucam" os jovens. Estou curioso para saber como o Espiritismo encara essas coisas.

— Bem, então vamos falar hoje de um assunto tão interessante quanto complexo: exatamente, "Deus".

Os jovens acomodaram-se em volta do velho, atentos às suas palavras. Sabino pensou um pouco e depois começou:

— Deus... Nós, seres imperfeitos e ainda pouco evoluídos, somos incapazes de definir e, menos ainda, compreender Deus. Você, Clara, disse que Deus está em tudo o que criou. Se entendi bem, você quis dizer que Deus é o conjunto de Suas obras. É isso?

— É isso mesmo! Acredito que Deus é tudo o que vemos, é o conjunto de todas as criações, tanto animais como humanas, tanto vegetais como minerais.

— Bem, Clara... A essa concepção de Deus nós chamamos de "panteísmo". O Espiritismo não concorda com isso. Segundo resposta dos Espíritos à pergunta formulada por Kardec (Que é Deus?), "Deus é a inteligência suprema, causa primária de todas as coisas". Portanto, Deus é causa, a criação é o efeito. Não há que se confundir o efeito com a causa... Por exemplo, podemos dizer que o homem criou máquinas, algumas até bastante complexas, como os computadores, mas isso não quer dizer que a máquina, criada pelo homem, seja o homem. Da mesma forma, a natureza é **obra** de Deus, mas isso não valida a ideia de que a natureza seja Deus.

— Mas, como ficamos, então? - perguntou Marcos.

— Dizer que Deus é inteligência suprema, não explica muita coisa... - objetou Paulo.

— É, Paulo, você foi perspicaz... De fato, não é uma explicação completa, pronta, acabada. A verdade é que a nossa inteligência, pelo menos no estágio de evolução em que nos encontramos na Terra, é incapaz de entender a divindade. E os próprios Espíritos parecem não ter uma ideia muito clara da exata natureza de Deus.

— Ué! Mas os Espíritos não sabem tudo? - questionou Vera.

— É claro que não! Os Espíritos desencarnados são pessoas, seres humanos, apenas libertos de suas "vestes carnais"... Se você tirar a roupa, ficará mais inteligente, mais sábia do que era vestida?

— É claro que não!

— O mesmo acontece com os Espíritos... Se um ignorante completo desencarnar, ele se tornará imediatamente um sábio no mundo espiritual? O mais provável é que continue com as suas limitações, embora, muitas vezes, um analfabeto na vida presente possa ter sido um intelectual em vidas anteriores. Mas o que quero dizer é que os Espíritos vinculados ao nosso planeta, não detêm, a grosso modo, conhecimentos muito maiores do que o conjunto da humanidade. Têm, evidentemente, uma noção mais precisa do mundo espiritual, pois nele estão vivendo, mas com relação a certas coisas, são tão ignorantes como nós... Com exceção, talvez, de alguns Espíritos muito evoluídos... Mas a experiência demonstra que jamais a espiritualidade revelou, digamos, "segredos científicos", ou adiantou explicitamente conhecimentos materiais aos homens. As leis que regem a vida determinam que o homem, na Terra, deve evoluir por seus próprios meios, através do seu próprio esforço. Eu, pessoalmente, acredito que quando alguma coisa tem que ser feita, nasce alguém com a missão de realizá-la... Tal pessoa pode até contar - e frequentemente conta - com alguma "ajuda" do plano espiritual, mas de forma velada, sutil, como inspirações, intuições... e jamais ostensivamente, com a materialização de um espírito, por exemplo...

— Acho que você está certo, vovô! - disse Gustavo. - Mas voltando ao nosso assunto...

— Bem, vamos esquecer do panteísmo... - prosseguiu Sabino. - Existe um ditado que diz que nós julgamos os outros por aquilo que nós mesmos somos. Por exemplo, uma criatura maliciosa verá malícia até nas brincadeiras mais inocentes... E realmente assim é: o homem julga todas as coisas de acordo com a sua compreensão (ou falta dela...). Desde os tempos primitivos, o homem pôde "sentir" a existência de um poder superior a governar as coisas, materializado nos fenômenos da natureza. Daí o culto generalizado ao Sol, à Lua, ao mar, aos ventos, ao trovão como entre os índios do Brasil... Deuses imaginados como entidades coléricas, cuja ira haveria de ser aplacada com o temor e a reverência devidos... Supondo, "humanamente" que eles se deixassem levar por essas providências "humanas"... Ou seja, "humanizando" os deuses...

— Como se estivessem "comprando" os deuses... - observou Paulo. - "Subornando-os"...

— É mais ou menos isso - concordou Sabino. - Contudo, mesmo com a evolução do pensamento humano, jamais foi possível ao homem evitar a concepção "antropomórfica" das divindades, sejam quais forem os nomes que se lhes deem: "Zeus, "Júpiter", "Deus", "Jeová", "Alá", ou qualquer outro nome, em qualquer língua.

— Ô vovô! Você hoje está "gastando o latim", hein? - interrompeu Gumercindo, - O que é "antropomórfico"?

— Antropomórfico significa "aquilo que, pela forma, se assemelha ao homem". Aplicando isso ao nosso assunto, significa que o homem não foi capaz de imaginar Deus sem atribuir-lhe características humanas, ou seja, atribuindo-lhe todas as nossas virtudes e os nossos defeitos. Assim, os povos antigos criaram uma infinidade de deuses, cada um mais vaidoso do que o outro, seres que precisavam ser reverenciados, adulados e até subornados, através de rituais mais ou menos bizarros, incluídos aí os sacrifícios de animais e mesmo de seres humanos. Para isso criaram-se classes sacerdotais, pessoas encarregadas especialmente de "badalar" os deuses, satisfazendo a todas as suas supostas vontades, inventando uma série de aparatos, de cerimônias, de cultos, de rituais mágicos e incompreensíveis para a maioria do povo, através dos quais pretendiam sujeitar os deuses aos desejos humanos. Surgiram as religiões greco-romanas com uma infinidade de deuses e semideuses, cada qual com a sua função específica: Netuno, senhor dos mares, Diana, a caçadora, Afrodite, deusa do amor, Zeus, que era o "rei" dos deuses e o mais poderoso, além de muitos outros, todos eles morando no Olimpo, ou "céu", levando uma vida bastante humana, amando, casando e brigando entre si, como relatado na interessantíssima mitologia grega...

— É verdade, vovô! Eu já li alguma coisa a respeito... - disse Vera. - São histórias muito interessantes...

— Pois é... Até mesmo na Bíblia, no "velho testamento", que é o histórico do povo hebreu, percebem-se exemplos dessa "adaptação" de Deus ao modo de ser do povo de Israel. Para manter a disciplina e uma certa ordem moral num povo primitivo e semibárbaro, Moisés, o esperto legislador, autoproclamou-se o porta-voz, o "relações públicas" do Deus Único. Mas não foi fácil... Para um povo acostumado à adoração das várias divindades egípcias, era difícil partir do concreto das imagens para o abstrato de uma crença num Deus único e "invisível"... Assim, foi preciso instituir o medo e o terror como meios para se conseguir o respeito e a obediência aos novos conceitos. Para evitar os abusos de toda ordem, Moisés elaborou a lei dos "Dez mandamentos", a qual, para impressionar o povo, afirmou ter recebido diretamente de Deus, entre raios e trovões, no alto do Monte Sinai. Pelo velho testamento perpassa a ideia de um Deus justiceiro e implacável, que punia e castigava impiedosamente os mais comezinhos deslizes... Terrível em sua cólera, mas cuja ira, humanamente, deixava-se aplacar pelo sacrifício de animais oferecidos nos templos de Jerusalém...

— Puxa, vovô! - aparteou Marcos. - Você está reduzindo a religião a pó...

— Não, Marcos. Estou apenas analisando a realidade. É preciso separar claramente o que é divino do que é humano. O grande erro das religiões é exatamente esse: erigir como preceitos divinos conceitos que são apenas humanos, aplicáveis, válidos somente para determinado momento da história humana. O velho testamento é um conjunto de regras humanas, elaboradas por seres humanos para reger os destinos do povo hebreu, mas apresentadas como ditados divinos apenas para serem respeitadas. Até podemos - e acho que devemos - considerar que os seus autores foram inspirados pela espiritualidade, concedendo-se que estavam desempenhando uma missão, mas nem por isso perderam a condição de seres humanos, sujeitos a todos os seus erros e fraquezas.

— Mas, então, como é que fica? Se nada disso é verdade, vamos acreditar no quê?

— Bem, essa é a grande questão... E não é fácil de resolver... Tanto que há quatro mil anos se discute isso e não se chega a conclusão nenhuma... Mais tarde voltaremos a falar nisso.

— E Jesus, vovô. Como entra nisso tudo?

— Jesus é uma outra história, Zezé. Mas também sujeito a muita controvérsia.

— Controvérsia? Como assim? - estranhou Marcos.

— Calma... Já chegaremos lá. Por enquanto, vamos dizendo que Jesus lançou como que sementes de novos conceitos. E digo sementes porque, passados quase vinte séculos, os seus ensinos ainda não foram bem compreendidos e muito menos praticados. Jesus tentou mostrar ao povo uma nova face de Deus. Não mais o Deus que exige justiça, o "Deus zeloso, que visita a maldade dos pais nos filhos até a terceira e quarta gerações", castigando com rigor os desvios cometidos, mas sim um Deus Pai, amoroso, bom e compreensivo, que não pune irrevogavelmente os Seus filhos, por sabê-los ainda crianças espirituais que erram pela inexperiência. E, sobretudo, por saber que, por serem espíritos que sobrevivem à morte física, poderão acertar depois o que erraram antes. Pela reencarnação, o homem sempre terá a oportunidade de fazer de novo um trabalho mal feito, de aprender coisas que deixou de aprender na vida presente, e assim por diante. Com esse conceito, Jesus procurou iluminar o coração humano, libertando-o do medo, do terror...

— Mas nem todo mundo aceitou isso - observou Marcos.

— De fato! Pelo que se deduz das narrativas evangélicas, as

palavras de Jesus encontraram boa acolhida entre as pessoas mais simples, entre os sofredores de toda ordem e entre alguns poucos da elite já despertos para aspectos mais espirituais da vida. O restante dos seus contemporâneos, os ricos, os intelectuais, os doutores da lei, os fariseus, fizeram questão de não aceitar. Os preceitos de Jesus os incomodavam... Falar em caridade, fraternidade e amor era inaceitável aos seus corações duros e insensíveis. Isso poderia subverter a ordem, pondo em risco os seus privilégios...

— Até hoje, muitas pessoas ainda não aceitam os ensinamentos de Jesus - comentou Paulo.

— É, mas o pior ainda estava por vir. Quando a doutrina do Cristo foi levada a outros povos, sobretudo pelo trabalho incansável e perseverante de Paulo, encontraram-se grandes dificuldades para convencer os chamados "gentios". E, por fim, quando, no terceiro século da nossa era, o Cristianismo foi adotado por Constantino como a religião oficial do Império Romano, o que parecia a sua vitória acabou configurando o seu maior fracasso...

— Como assim? - disse Marcos, expressando a curiosidade presente em todos os rostos dos jovens.

— Nessa ocasião, a essência pura e simples dos ensinos de Jesus foi inteiramente deturpada, com a adoção de rituais pagãos, com a instituição do sacerdócio, dos sacramentos e de todas as demais exterioridades pomposas existentes até hoje. E culminaram com o mais inominável dos absurdos: o dogma de que Jesus era Deus! Para manter a ideia central de um Deus único, tiveram que inventar o chamado "mistério da santíssima trindade", ou seja, sustentar a tese de que Deus, embora único, se apresentava sob três, digamos, aspectos ou "pessoas": O Pai, o Filho e o Espírito Santo... Realmente, é "de lascar", como vocês gostam de dizer.

— "Péra", aí! Você está afirmando que Jesus não é Deus? O que ele é então? - perguntou Vera, meio confusa.

— Em primeiro lugar, não sou eu que estou afirmando que Jesus e aquele que ele chamava de Pai eram entidades distintas.

— E quem disse isso, então?

— Ele mesmo... O próprio Jesus. Em numerosíssimas passagens do Evangelho, ele diz textualmente que era simples "enviado" do Pai, estava agindo em nome d'Ele, a Ele se referindo sempre como uma outra pessoa. Há apenas uma passagem, no Evangelho de João, se não me engano, na qual ele diz mais ou menos que "O Pai e eu somos um", provavelmente querendo dizer que havia perfeita identidade de ideias e conceitos entre ele e Deus. Pois foi justamente a essa ínfima e singular passagem que os interesses dos fundadores da Igreja se apegaram para impingir a ideia de que Jesus era Deus.

— Mas, por que teriam feito isso? - perguntou Gustavo.

— Apenas por motivos políticos e, talvez, "mercadológicos", como diríamos hoje. Como conseguir adeptos para uma religião cujo fundador era apenas um carpinteiro da Galileia, obscura província do vasto Império Romano? E ainda por cima, um homem que não conseguira nem mesmo convencer os seus próprios patrícios, tendo, pelo contrário, sido assassinado por eles? Mas apresentando-o como aquele que, morto, havia ressuscitado, e como uma das "personalidades" de Deus, tudo haveria de ficar mais fácil... e parece que deu certo, pois apresentado dessa forma, o Cristianismo se espalhou por todo o mundo civilizado daquela época, atingindo o máximo de poder para os seus mentores. Mas, quem é Jesus, afinal? É um ser, um espírito elevado, nosso irmão mais velho, um espírito que evoluiu, atingindo o ápice, e que veio a este nosso conturbado mundo como missionário, como mensageiro divino, para lançar, como já disse, as sementes das verdades eternas, que haverão, algum dia, de brotar no espírito humano, produzindo frutos de amor, paz e fraternidade. O Espiritismo vem tentando, atualmente, recolocar as coisas nas suas devidas dimensões, esclarecendo racionalmente todas essas questões... É pena que nem todos estão ainda aptos a apreender todas as verdades, mesmo entre os que se consideram espíritas...

Clara comentou com entusiasmo:

— Gostei muito de suas explicações. Muito mesmo!

— É, Deus sendo apresentado como um Pai compreensivo e amoroso, inspira mais confiança, mais amor, não é mesmo? - aduziu Zezé.

— Realmente, Deus é amor em toda a sua essência... Deveria, pois, inspirar-nos amor, confiança, gratidão, e não medo, temor, como as religiões tradicionais gostam de alardear. É comum que usem a expressão "temente a Deus", para designar pessoas religiosas... Que coisa mais absurda...

Sabino fez uma pausa, percebendo que os jovens, todos, estavam mais uma vez pensativos. Disse, por fim:

— Bem, gente! Por hoje chega. Já está escurecendo e eu espero visitas lá em casa. Vamos andando...

— Tudo bem, vovô! Mas saiba que eu gostei muito da nossa conversa de hoje... Acho que todos gostaram, pelo jeito - disse Vera olhando para os demais.

— Gostamos... - responderam os jovens, em conjunto.

Após as despedidas e as promessas de nova reunião na semana seguinte, dispersaram-se todos, os jovens em grupo para um lado e Sabino, sozinho, na direção oposta, rumo à sua casa.

16

Espiritismo, sincretismo e a bíblia

APROVEITANDO OS ÚLTIMOS dias das férias, a criançada corria pela praça, empinando suas pipas. Sabino filosofou consigo mesmo:

— Logo teremos a primavera, cheia de flores e renovadas esperanças... Nossas esperanças em um mundo melhor, mais fraterno e cheio de amor repousam nessa meninada em flor...

— Oi, vovô! Recapitulando a lição de hoje? - exclamou alegremente uma voz juvenil ao seu lado. Acordando de suas divagações, Sabino viu o grupo de jovens, que havia chegado sem ser pressentido.

— Olá, pessoal! Eu estava matutando sobre a beleza da juventude, Vera. Considerava que, como as flores que enchem de alegria e beleza toda a natureza, numa imensa promessa de colheita farta de frutos, assim também são vocês, jovens, as flores juvenis, que garantirão a nossa futura colheita de paz e harmonia, para reequilibrar a economia espiritual desse nosso conturbado mundinho...

— Obrigada por nos chamar de flores - respondeu Vera. - Você é muito gentil e simpático...

Os jovens se acomodaram ao redor do velho. Gustavo observou:

— Vovô! Foi muito legal a gente ter conhecido você. Como é possível, às vezes fico pensando, que antes não compreendêssemos coisas que agora parecem tão simples... E que ideia errada tínhamos do Espiritismo...

— Mas, vovô, sabe, parece que nem todos os espíritas têm a

mesma compreensão que você possui. Alguns são até fanáticos e dizem tantas coisas absurdas que quem não conhece o Espiritismo acaba se convencendo de que essa doutrina é mesmo uma "fábrica de loucos"... - observou Gustavo.

Zezé aduziu:

— É mesmo, vovô. A mãe de uma amiga minha é espírita, e diz que frequenta um trabalho de "mesa branca" e adora ouvir as comunicações dos espíritos sofredores... Segundo ela, a gente fica a par de tantos dramas íntimos... E, às vezes, os espíritos perturbadores têm de ser retirados à força, "acorrentados"! Será que isso tudo é verdade, vovô! Fico arrepiada só de pensar...

Sabino aguardou pacientemente que as manifestações dos jovens terminassem.

— E não é só isso - disse. - Além disso tudo, temos de reconhecer que a maioria das pessoas procura as sessões espíritas por pura curiosidade, ou para pedir "favores" pessoais, como arrumar emprego, reatar noivados ou casamentos desfeitos, curar doenças, e assim por diante...

— Mas, vovô, por que tudo isso acontece? Por que essas distorções? - perguntou Marcos.

Sabino respirou fundo antes de iniciar:

— Vamos lá! Na semana passada, falamos a respeito de Deus e da mitologia. Vimos como o homem "adaptou" a divindade às suas concepções e fantasias infantis. Até hoje, apesar do avanço científico e tecnológico, o homem continua a ser espiritualmente uma "criança grande", esquecendo quase que por completo o lado mais importante do conhecimento humano, que é justamente o espiritual. Somente agora a ciência volta a sua atenção para esse aspecto, através do estudo do que chamam de "paranormal". Mas essa resistência do homem moderno em face dos problemas do espírito é facilmente explicável. Apesar de todo o progresso, a nossa mente ainda está saturada das heranças mágicas adquiridas no passado...

— E como está! - observou Marcos. - É só o que se vê hoje na televisão, nas revistas...

— Pois é! - continuou Sabino. - É claro que o temor de Deus, como já disse na semana anterior, levou o homem ao misticismo, ao desejo de estar mais próximo d'Ele, de agradá-Lo, de entender melhor as questões espirituais, para evitar, enfim, o "castigo" advindo da desobediência às Suas leis. Fundaram-se, no Oriente e no Ocidente, diversas sociedades secretas, as quais procuravam o conhecimento das coisas espirituais através de ritos, estudos e meditações. Surgiram, por exemplo, a Cabala, o Esoterismo, a Ordem Rosacruz, e muitas outras. Outras pessoas tentaram encontrar Deus no silêncio e na meditação nos mosteiros das várias crenças religiosas, fugindo da luta do dia a dia, das "tentações mundanas"... Tudo isso tendendo a resvalar para o fanatismo e o preconceito... E, infelizmente, nem os cristãos estão livres desses desvios. Condicionados desde cedo a certas interpretações evangélicas baseadas apenas na "letra que mata", os crentes tornam-se verdadeiros cegos, incapazes de compreender o real sentido espiritual dos ensinos de Jesus, nada conseguindo ver além dos tacanhos preceitos transmitidos por seus líderes. Por isso é tão difícil encontrar a Verdade: é preciso julgar as coisas com a mente livre de ideias preconcebidas, condicionadas. Já Descartes advertia que "o preconceito e a precipitação, dois vícios comuns na espécie humana, prejudicam o juízo e impedem a descoberta da verdade".

— E os espíritas? Estão livres disso? - perguntou Paulo.

— Lamentavelmente, não! - respondeu Sabino. - Os espíritas não estão livres dos condicionamentos que nos acompanham há séculos.

— Como assim? - questionou Paulo, novamente.

— É fácil entender. Somos espíritos que já vivemos muitas vezes anteriormente. Todos nós, ou pelo menos a maioria de nós, provavelmente já professamos essas religiões em diversos momentos do nosso passado. Ora, isso significa que temos sido católicos, protestantes, budistas, seja lá o que mais for, durante toda a nossa vida... Não vamos conseguir nos livrar dessa herança da noite para o dia, só porque, nesta existência, tivemos contato com as ideias espíritas...

— Eu nunca tinha pensado nisso - comentou Maurício.

— Nem eu! - concordou Vera.

— Além disso - continuou Sabino -, a falta de um estudo sério e sistemático das obras básicas da doutrina faz com que os espíritas vistam o Espiritismo com o manto das práticas mágicas do passado, acrescidas de engenhosas criações fantasiosas. Como há milênios, procuram obter vantagens ou favores materiais do intercâmbio com a espiritualidade. Esquecem-se de que aqueles que partiram para outra dimensão não são, só por isso, promovidos a sábios ou santos, mas continuam a ser os mesmos seres que foram quando na vida física, nem melhores nem piores, e igualmente sujeitos a erros e falhas. É preciso lembrar que a morte é apenas uma passagem, uma transferência de uma dimensão de vida para outra. Os nossos sentimentos não mudam. Continuamos amando ou odiando as pessoas e as coisas, tal como antes. Dotado do livre-arbítrio, o homem é livre para conduzir as suas ações e atitudes, de forma que ninguém pode obrigá-lo a modificar-se de uma hora para a outra, nem forçá-lo a desistir, por exemplo, de sua inclinação pela violência, pela vingança contra determinadas criaturas. Alguns centros adotam a prática de "expulsar" violentamente os chamados "espíritos obsessores", ou prendê-los com "correntes", como você disse, Zezé. Isso pode até dar algum resultado momentâneo, mas não resolve o problema. Quando um espírito "persegue" uma pessoa, em geral é porque a odeia. Enquanto esse ódio não for "trabalhado", amenizado por lições evangélicas de amor, o impasse continuará. Só o amor e o tempo poderão abrandar os corações humanos mais empedernidos. Somente o estudo metódico e sério livrará as nossas mentes dos milenares condicionamentos místicos, dando-nos "olhos de ver" e "ouvidos de ouvir", como disse Jesus a seu tempo. Sem o preconceito a dominar as nossas mentes, veremos toda a pureza e esplendor dos ensinos de Jesus e compreenderemos melhor qual a verdadeira finalidade do Espiritismo.

— E qual seria essa finalidade? - perguntou Paulo.

— Conscientizar o homem da necessidade de aperfeiçoar o seu espírito, preparando-o para se conduzir à elevação, ao progresso espiritual, em busca da perfeição, que é o objetivo final de todas as criaturas... E não resolver suas picuinhas materiais neste mundo...

— Uau! - exclamou Marcos. - Que lavada! Pois parece que é exatamente isso que as pessoas querem: alguém, ou alguma coisa, que resolva seus problemas...

— É isso, Marcos. Infelizmente ainda é assim... Mas tenho esperanças de que um dia isso vai mudar. As pessoas despertarão para a realidade. Mas, para chegarmos ao pleno conhecimento da verdade, é preciso examinarmos tudo através de outros óculos: através das claras lentes do bom-senso e da razão imparcial.

Marcos interrompeu mais uma vez:

— Mas, vovô, eu já ouvi falar de muitas curas obtidas em centros espíritas, de muita gente que saiu consolada ao receber mensagens de parentes "mortos"...

— Sem dúvida, sem dúvida, meu jovem. Os trabalhos espíritas bem orientados efetivamente trazem consolo e esperanças a quem os procura. Como eu já disse, nesses trabalhos ocorre um intercâmbio, isto é, uma troca de mensagens entre os dois planos da vida. Serve, portanto, de consolo, não só para os que ainda estão aqui, do lado da "carne", como também para os que estão do lado de lá. Imagine a alegria de um espírito por poder mandar uma mensagem para os seus entes queridos que aqui ficaram! E a dos encarnados que a recebem! Talvez a gente ainda volte a falar disso mais adiante.

— Que coisa interessante! - disse Vera, algo pensativa. - Quantas coisas em que eu jamais tinha pensado...

Todos concordaram com ela. Maurício, por fim, mudou de assunto:

— Vovô, tenho uma dúvida que eu gostaria que você esclarecesse. O pai de um amigo meu, o Ricardo, é umbandista. Ele diz que Umbanda é o "espiritismo de terreiro" e o de "mesa branca" é o Kardecista, mas que no fundo são a mesma coisa. Pelo que você nos tem ensinado, parece que são bem diferentes... Que é que você tem a dizer sobre isso?

— Ótima pergunta! - exclamou Sabino. - Casa perfeitamente com o que estamos discutindo. E nos leva a um outro tema: o sincretismo religioso...

— Antes nos diga o que é "sincretismo" - pediu Marcos.

— Do ponto de vista sociológico, sincretismo é a mistura, a união de elementos culturais diferentes, antagônicos, num só elemento, permanecendo porém distinguíveis alguns indícios, alguns sinais de sua origem diversa. Sincretismo religioso, portanto, é a mistura de crenças distintas, diferentes, num único culto. No caso da Umbanda e outros cultos "afro-brasileiros", como se costuma dizer, o que acontece é que ocorreu uma mistura das velhas crenças africanas, que são essencialmente espiritualistas, dotadas de expressivos rituais mágicos, com as crenças e costumes católicos vigentes em nosso país. Os nossos irmãos que vieram da África para cá, tangidos pelo infamante instituto da escravidão, bem como os silvícolas que aqui já estavam, foram obrigados, coagidos pelos seus algozes, a aceitarem o cristianismo. Todavia, não abdicaram de suas crenças milenares, arraigadas em suas almas. Procuraram, então, adaptar, associar as suas divindades, cada qual com um determinado poder, para o bem ou para o mal, aos santos católicos. Adotaram crucifixos, imagens e velas usados nos rituais católicos, continuando, contudo, a manter o milenar intercâmbio com os espíritos através de médiuns, por eles chamados de "mães" ou "pais de santos". Levados ao estado de êxtase pelos rituais e pelas danças ao som cadenciado dos batuques, essas pessoas entram em transe mediúnico, sintonizando com os pretos velhos, caboclos e índios, que se manifestam em seu linguajar característico. Os rituais advindos desse sincretismo são riquíssimos em fenômenos, provando mais uma vez a imortalidade da alma, que, como já vimos, não perde a sua individualidade. Os espíritos de caboclos, índios e pretos velhos continuam com as mesmas ideias infantis, decorrentes de sua pouca evolução, ainda imantados a coisas materiais, aos velhos hábitos do fumo e do álcool, por exemplo.

— Essas coisas acontecem mesmo? - perguntou Zezé, admirada. - Eu sempre pensei que aquilo tudo era uma palhaçada, uma coisa para enganar trouxas... principalmente turistas...

— Não! Na maioria dos casos, os fenômenos são autênticos.

— E por que a expressão "de terreiro", que se usa tanto?...

— A Umbanda, e também o Candomblé e a Quimbanda, que são outros cultos semelhantes, eram, no princípio, realizados clandestinamente nas clareiras das matas e, depois, nos pátios internos ou nos terreiros de café das fazendas... Daí o nome...

Zezé interrompeu novamente:

— E isso é coisa boa ou ruim? Tem gente que afirma que esses trabalhos são maus...

— Eu não diria isso. Tudo depende das intenções das pessoas. Há trabalhos destinados a fazer tanto o bem como o mal. O que realmente diferencia o Espiritismo dessas práticas não é apenas o objetivo das ações, mas o modo de trabalhar. Nas reuniões espíritas não são adotados rituais de nenhuma espécie, não se admitindo práticas como "despachos", velas, cantorias, batuques etc. Sabemos que tais coisas são dispensáveis. Os fenômenos podem ocorrer perfeitamente sem elas. E, convenhamos, espíritos que se apegam a coisas tão materiais, não podem ser muito evoluídos, não é mesmo?

— E Espiritismo de "mesa branca"? - perguntou Paulo.

— Bem, não há muita certeza a respeito, mas como em muitos centros espíritas há o costume de se cobrir a mesa de reuniões com toalhas brancas (que também são dispensáveis), daí deve ter surgido essa denominação.

— E o racismo? - exclamou Vera.

— A Doutrina Espírita não admite nenhum tipo de racismo, ou de qualquer outra forma de discriminação... Todos os seres humanos são iguais, no sentido de que todos somos espíritos, criados por Deus da mesma maneira, ou seja, simples e ignorantes e que estamos todos envolvidos num processo de evolução. Além disso, não podemos esquecer que, pelo mecanismo da reencarnação, passamos muitas vezes pela Terra, de modo que já fomos, ou ainda seremos membros de outras raças ou de outras culturas...

— Podemos nascer negros, numa outra encarnação? - perguntou Marcos.

— Podemos sim, sem dúvida. Talvez até já tenhamos nascido assim, antes. E não só negros, mas também amarelos, pardos, ricos, pobres, importantes, obscuros, podemos nascer em outro país, podemos mudar de sexo, e assim por diante... Daí, qualquer tipo de preconceito deixa de ter sentido... Mas, voltando ao nosso assunto, eu diria que a grande diferença, a diferença fundamental entre o Espiritismo e as demais práticas espiritualistas, reside no fato de que a Doutrina Espírita pretende abordar as coisas sob o tríplice aspecto: científico, filosófico e religioso, seguindo estritamente a codificação elaborada por Allan Kardec, enquanto os demais movimentos não a seguem...

Os jovens se quedaram pensativos. Foi Clara quem rompeu o silêncio:

— Vovô, o Paulo e eu costumamos discutir muito a respeito da Bíblia... Chegamos até a brigar por causa disso. É que eu e meus pais pertencemos à Igreja Presbiteriana. Nós, e também os católicos, achamos que a Bíblia é sagrada, é a palavra de Deus... Já o Paulo acha que é um amontoado de bobagens, de coisas primitivas, algumas sem nexo, de lendas e crendices infantis... E até alguns lances meio obscenos...

Zezé interveio:

— Apesar de católica, eu concordo com o Paulo. Também não acho que a Bíblia seja infalível...

— Muito bem, muito bem! - atalhou Sabino. - Vamos conversar um pouco sobre isso.

Após meditar um pouco, o velho começou:

— A palavra de Deus... Deus, como já comentamos, foge à nossa compreensão. O certo é que não existe o que se poderia chamar, inquestionavelmente, de "a palavra de Deus". O máximo que podemos admitir é que o Criador aja através de "intermediários", em geral chamados de "profetas" ou "missionários", os quais pregavam o que entendiam ser ensinamentos divinos. A Bíblia é um exemplo disso. O que conhecemos hoje como "bíblia" é composto basicamente por duas partes: o "Velho Testamento", que é o retrato histórico do povo hebreu, sua origem, as suas lutas e sofrimentos e suas esperanças, e o "Novo Testamento", que se refere a Jesus e aos apóstolos. Como se sabe, os hebreus constituíam um povo semibárbaro, que se tornou monoteísta em meio às muitas nações politeístas, séculos antes da era cristã. Moisés, preparado pelas fraternidades secretas do Egito, desenvolveu suas faculdades psíquicas, tais como o magnetismo, a sugestão hipnótica, a capacidade de entrar em relação com os seres incorpóreos do mundo espiritual, ou seja, aquilo que chamaríamos hoje de mediunidade. Mais tarde, tornou-se o líder de seu povo, então escravizado naquele país, tendo conseguido a sua libertação, através das peripécias descritas no livro *Êxodo,* que é parte do Velho Testamento. Como legislador, para conseguir a obediência do povo primitivo e ignorante, teve que definir todas as suas instruções, leis e mandamentos como emanados diretamente da "boca de Deus". Na realidade, ele os recebia dos seres incorpóreos, que procuravam amparar e auxiliar o progresso da nação incipiente. A fim de manter a ordem e a disciplina, usou os métodos que até nossos avós usavam, baseados na intimidação: "não faça isso ou aquilo, que Deus castiga"... Moisés engendrou, assim, a ideia de um Deus terrível, que castigava com severidade. Ele mesmo, apesar do mandamento explícito "não matarás", mandou passar a fio da espada três mil irmãos seus, israelitas, só pelo fato de, incapazes de entender o abstrato, isto é, um Deus sem forma, em virtude de condicionamentos mentais trazidos do Egito, terem erigido um bezerro de ouro para adorar. E o fez em nome de Deus... Como se estivesse cumprindo uma ordem direta da divindade. Ou seja, interpretou as escrituras de acordo com as suas conveniências "políticas"...

— Assisti um filme que conta essa história. - disse Vera. - A cena em que o mar se abre é impressionante.

— Vários filmes relatam essas passagens - concordou Sabino. - É realmente uma epopeia digna de registro... Bem, continuando, sabemos que cinco livros do Velho Testamento são atribuídos a Moisés, conhecidos como "Pentateuco": *Gênese, Êxodo, Levítico, Números e Deuteronômio.* Além desses, temos diversos outros que narram a vida e o trabalho espiritual dos inúmeros profetas, os quais, pelas suas faculdades mediúnicas, recebiam instruções do mundo espiritual. Todos eles afirmavam igualmente que tinham ouvido as palavras da "boca de Deus". É claro que, apresentadas dessa forma, todas essas instruções passaram a ser consideradas "sagradas". Mas a história mostra que os intermediários, tanto Moisés como todos os outros profetas, eram seres humanos, falíveis, portanto. E, de fato, cometeram muitas vezes erros terríveis, vertendo sangue inocente, tal como Moisés fizera com os adoradores do bezerro de ouro, e Elias com a matança de trezentos sacerdotes do deus Baal. Por essas e outras, parece-me um exagero afirmar que a Bíblia seja a palavra de Deus, sem tirar nem pôr... Algumas passagens são contraditórias, outras encerram erros clamorosos, absurdos desmentidos pela ciência, evidenciando com clareza a sua origem humana e, especialmente, a ignorância da época em que foram elaboradas.

— E o Novo Testamento, vovô? - perguntou Marcos.

— Infelizmente, aí, a história não é muito diferente. Sabemos que Jesus nada deixou escrito. Tudo o que se conhece a seu respeito está contido nos quatro evangelhos - todos escritos após a sua morte - e nos demais escritos que compõem o Novo Testamento. Apenas Mateus e João conviveram pessoalmente com Jesus. Marcos e Lucas fizeram anotações consultando pessoas que o haviam conhecido. Todos eles relatam a vida e os ensinos de Jesus, cada qual a seu modo, no seu estilo, incluindo sempre, o que é inevitável em qualquer obra, pitadas de opinião pessoal. A seguir, temos os *Atos dos Apóstolos,* narrando a vida e as vicissitudes dos apóstolos, e as *Epístolas,* cartas redigidas por Paulo, Pedro, Tiago, João e Judas (não aquele que conviveu com Jesus), destinadas aos primeiros núcleos cristãos, denominados "igrejas". Como vemos, tudo obra humana, sujeita, portanto, aos erros tão próprios dos seres humanos.

— Você não perdoa nada, hein, vovô? - exclamou Zezé.

— A verdade tem que ser dita, Zezé. Aliás, esse é um dos fundamentos da Doutrina Espírita: examinar tudo à luz da razão. Mas, continuando, vale lembrar que Jesus falava de acordo com a sua época, conforme a capacidade de compreensão do povo. Muitos dos seus ensinos são claramente passíveis de interpretação, como diamantes que precisam ser lapidados para ter revelados o seu valor e sua beleza. Como cada um vê e interpreta de acordo com o seu discernimento, ou com as suas conveniências, não é de se admirar que tenham surgido tantas seitas ditas cristãs, todas elas baseadas nos mesmos textos. Para resumir, nesse assunto, como em tantos outros, devemos usar o bom-senso. Os Evangelhos encerram grandes e sublimes ensinamentos, mas devemos, primeiro, buscar enxergar o "espírito" e não apenas a "letra". E acho que, por hoje, chega! Já é tarde e eu já estou cansado de falar... Vou dar um descanso para os ouvidos de vocês...

— Tudo bem, vovô. - disse Maurício. - Mas o assunto está muito interessante... Vamos aguardar o próximo capítulo...

Houve um movimento geral de aprovação entre os jovens. Sabino sorriu.

— Ainda bem que disponho de ouvintes tão interessados... Nada melhor, para quem gosta de falar pelos cotovelos, como eu, do que encontrar ouvidos dispostos a escutar...

Após as despedidas de costume, todos se retiraram, os jovens para um lado da praça e Sabino, sozinho, para o outro.

17
Cristianismo, reforma e espiritismo

CLARA E PAULO FORAM os primeiros a chegar naquela tarde ensolarada de sexta-feira. Ao vê-los, Sabino comentou, sorrindo:

— Ué! O que os trouxe aqui assim tão cedo?

— Boa tarde, vovô - disse Paulo. - É que nós ficamos muito impressionados pelas suas explicações sobre a Bíblia... Sabe, a gente nunca tinha visto ninguém comentar a questão da forma como você comentou.

— Bem, isso ocorre porque as pessoas estão condicionadas pelas religiões, que encaram a questão por um outro ângulo.

Clara comentou:

— No fundo, estamos convencidos de que realmente as suas explicações são lógicas e racionais. Mas não comentamos nada com os meus pais...

— E nem convém! - atalhou Sabino. - Provavelmente, eles não compreenderiam e talvez até se desgostassem...

Nesse momento, dobrando a esquina, surgiu o restante do grupo, atravessando a praça em direção ao banco em que Sabino os aguardava. Vera adiantou-se, cumprimentou-o alegremente:

— Oi, vovô! Tudo legal?

— Tudo bem... E vocês?

— Joia!

Marcos dirigiu-se ao casal:

— Caramba, vocês chegaram cedo hoje! Vieram antes de nós... Por que, hein? Aconteceu alguma coisa especial?

— Não é nada, não. É que nós ficamos impressionados com as explicações do vovô a respeito da Bíblia e queríamos saber mais algumas coisas...

Sabino aproveitou a "deixa" e perguntou:

— E o que vocês desejariam saber?

— Qual é, por exemplo, a relação entre o Cristianismo e o Espiritismo? - indagou Paulo.

— Boa pergunta, meu jovem. Vamos tratar disso.

Os jovens se acomodaram como de costume e Sabino começou:

— Como se sabe, os ensinos simples de Jesus foram deturpados e moldados aos interesses clericais. Os Evangelhos, as rezas, as missas e todas as outras cerimônias eram oficiadas em latim, língua desconhecida pela esmagadora maioria das pessoas, de forma que o povo permanecia na completa ignorância sobre os verdadeiros ensinamentos de Jesus, em sua pureza e simplicidade. A missa, por exemplo, era um ritual tido como "santo" mas assistido passivamente pelos fiéis, que dela nada entendiam. Acreditava-se que, assistindo-a regularmente, confessando-se e tomando a comunhão e, sobretudo, obedecendo cegamente as orientações do padre, conseguia-se "um lugar no céu"... E caso alguém cometesse algum pecado gravíssimo, poderia, desde que fosse rico, "comprar" a sua absolvição, a sua "salvação" à custa de uma boa soma de metal sonante... Era proibido ler a Bíblia, uma vez que os mentores da Igreja consideravam que o povo "era incapaz de entendê-la"... Contra esses e outros abusos, levantaram-se vários homens corajosos, dispostos a modificar a situação e libertar a mente humana da secular ignorância em que era deliberadamente mantida. Reformadores, tais como Zwingli, Lutero, Calvino e outros, "protestaram" contra os abusos do clero, batendo-se em favor de uma divulgação mais ampla dos ensinos de Jesus, defendendo a tese de que a Bíblia e os Evangelhos deveriam ficar à disposição do povo, para que todos tivessem acesso direto às verdades cristãs.

— É por isso que existem os "protestantes", não é, vovô? - perguntou Vera.

— Exatamente. Mas, mesmo que esses livros fossem colocados à disposição de todos, de nada adiantaria, pois eram escritos em latim, como eu já disse. Somente pessoas da elite conheciam essa língua. Lutero traduziu a Bíblia para o alemão e, daí em diante, ela foi reeditada e traduzida para outros idiomas. A partir disso a Bíblia realmente se popularizou, apesar das ameaças de excomunhão brandidas pela Igreja Romana. Fundaram-se as igrejas ditas "reformadas" ou "protestantes". Infelizmente, contudo, os reformadores não fizeram uma "reforma" completa, conservando muitos dos dogmas e erros da doutrina antiga, mantendo, por exemplo, os mitos da "santíssima trindade", do pecado original, do demônio, das penas eternas, da "salvação" pela fé, entre outras coisas. Como seria de se esperar de um movimento que se baseava na livre interpretação das escrituras, logo ele se cindiu em dezenas de pequenas e grandes seitas, divergindo radicalmente por interpretações peculiares de determinadas passagens do Novo ou do Velho Testamento. O fato é que, apoiada por pessoas cultas da nobreza, muitas vezes até por motivação política, a Reforma ganhou terreno, consolidando-se de forma a estar presente em muitos países até os dias de hoje.

— E esses movimentos parecem estar crescendo, não é vovô? O que tem de religião nova no pedaço não está escrito... - observou Marcos.

— De fato, Marcos, isso vem acontecendo. Mas não me atrevo a afirmar que são todas uns "caça-níqueis"... Algumas até têm algum fundamento doutrinário. Mas algumas... são verdadeiras "arapucas" para arrancar dinheiro dos desavisados.

— É verdade! - exclamou Vera. - Eu vi, na televisão, uma vez, que uma religião reuniu uma multidão num estádio de futebol. E os dirigentes e seus auxiliares saíram de lá carregando sacos cheios de dinheiro. É verdade! Sacos mesmo...

— Bem. Mas vamos em frente - disse Sabino. - A Reforma foi

importante por tentar, e conseguir em muitos casos, quebrar a hegemonia avassaladora da Igreja Católica... Embora os protestantes tenham sido tão intolerantes quanto os católicos, quando assumiram o poder em alguns países da Europa... Apesar disso tudo, ela lançou as sementes do que chamamos hoje de liberdade religiosa... O que não é pouca coisa...

— E o Espiritismo, vovô? - perguntou Paulo.

— Vamos com calma - disse Sabino, rindo. - Já chegaremos lá. Como se sabe, no século dezenove a Europa foi sacudida por um período de transição cultural, por confrontos entre ideias materialistas e espiritualistas. Mais amadurecida, a mente humana não mais aceitava os conceitos arcaicos tanto da ciência como das religiões. Novos princípios científicos eram desvendados a toda hora, dando início ao vertiginoso progresso da ciência, que perdura até os dias de hoje. Basta lembrar que as grandes teorias que revolucionaram os conceitos científicos foram descobertas ou tiveram base em princípios estabelecidos naquele século. Seria de se esperar, portanto, que, do ponto de vista filosófico, todas as questões passassem a ser postas em dúvida, a serem submetidas ao crivo da razão, incluindo-se aí também os dogmas religiosos. Iniciou-se um amplo e tenaz questionamento das questões religiosas por parte dos cientistas e filósofos. Havia, por assim dizer, uma verdadeira sede por novos conhecimentos, por novas verdades. Ambiente mais do que propício para o surgimento de uma doutrina tão inovadora quanto o Espiritismo. Se ele tivesse surgido antes, não teria tido a mínima condição de se estruturar e, muito menos, de se expandir.

— Foi aí que surgiu Allan Kardec, não é vovô? - observou Zezé.

— Exatamente. Mas o Espiritismo desde o início mostrou-se radicalmente diferente de todas as outras, digamos, religiões. Não era o trabalho solitário de um homem, mas sim a ação de uma legião de mensageiros, os Espíritos. As vozes do céu, como clarins, anunciavam o surgimento da era da razão e da lógica. Kardec foi o encarregado de coordenar o movimento e de codificar os ensinos transmitidos pela espiritualidade. Com isso, mais uma faceta da Verdade começava a ser revelada aos homens. Do ponto de vista religioso, os ensinos simples, claros e racionais de Jesus, que haviam sido deturpados pelas religiões, eram restaurados em seu verdadeiro sentido, destacando o "espírito que vivifica", em oposição à fria "letra que mata".

— Como é que é isso, vovô? - questionou Marcos.

— Apegadas à "letra", às palavras dos Evangelhos, ou seja, se preocupando mais com as palavras do que com o sentido, as religiões acabaram ocultando as esplêndidas verdades que Jesus procurou ensinar, envolvendo-as num verdadeiro cipoal de mitos, crendices e interpretações estapafúrdias... Sem contar os rituais, alguns deles até meio ridículos, usados para atrair e distrair os "fiéis". O Espiritismo, pelo contrário, foi buscar a essência do ensinamento cristão, abolindo todas as exterioridades desnecessárias. E é vital assinalar que, com relação aos preceitos morais, a doutrina espírita não trouxe absolutamente nenhuma "novidade". A moral espírita é exatamente a moral cristã, em sua máxima pureza, baseada no amor fraterno, na procura constante da reforma íntima através da prática do bem e do esclarecimento espiritual através do estudo e da meditação. Nada de cerimônias, como missas, batizados, casamentos, nada de clero organizado, que conduz ao indesejável profissionalismo religioso. Como os antigos cristãos, as reuniões espíritas são realizadas em casas, muitas vezes simples, chamadas de "centros", nos quais pessoas de toda espécie são atendidas com amor e carinho, com a assistência dos benfeitores do plano espiritual, sem que se espere ou se exija qualquer tipo de retribuição ou de pagamento.

Sabino fez uma pausa. Os jovens estavam quietos, impressionados com as suas palavras. Por fim, prosseguiu:

— Nós entendemos que o Espiritismo é o "consolador" prometido por Jesus, destinado a restaurar os seus ensinos e revelar mais algumas parcelas da verdade que a humanidade esteja apta a assimilar e trazer às almas sedentas de conhecimento, um novo alento, uma paz nunca dantes sentida, consolo para as dores e aflições, mais esperanças no futuro. O Espiritismo, meus jovens, é o Cristianismo redivivo. São os preceitos de Jesus restabelecidos em sua plenitude, contidos que estão no mandamento único, o da fraternidade universal, legado pelo Mestre há quase dois mil anos e, até hoje, ainda incompreendido em sua essência.

— Agora entendo porque não existem casamentos e nem batizados nos centros espíritas - observou Zezé. - Não é meio "chato" uma moça espírita não se "casar na igreja", sem vestir "vestido de noiva"? Como é que os espíritas casam?

— Filha, tais cerimônias foram copiadas das crenças pagãs. Para que duas pessoas sejam felizes numa vida a dois, torna-se necessário que haja amor e afinidade espiritual a unir as duas almas. O casamento civil basta para firmar o compromisso perante a sociedade, dando estabilidade e segurança ao novo lar. Deus abençoa Seus filhos diariamente, bons e maus, justos e injustos, independentemente de rituais ou sacramentos instituídos pelos homens, do mesmo modo que ampara os seres que retornam à vida física, durante toda a sua trajetória, desde a infância, passando pela vida adulta e chegando à velhice, sem a necessidade de uma "recomendação" especial como o batismo.

— Puxa, vovô! Isso muda tudo, não é? - exclamou Maurício. - As igrejas têm cerimônias para tudo... Batismo, casamento, missas para isto e para aquilo... Rezas nos velórios...

— Mas nós afirmamos que nada disso é necessário. Podemos, e devemos, orar em nossas casas mesmo... Lembrem-se: não consta dos Evangelhos que Jesus tenha construído uma única igreja, nem mesmo uma capela, nem um simples oratório... Não consta que Jesus vendesse "bingos" ou "rifas" para angariar fundos para a "sua" religião...

Os jovens riram.

Gumercindo levantou-se:

— Turma, tá na hora. A conversa está boa, mas hoje eu tenho que ir à festa de aniversário de uma prima e não posso me atrasar.

Todos se levantaram, preparando-se para partir.

Marcos comentou:

— Vovô, gostamos muito da lição de hoje. Semana que vem estaremos de novo aqui para mais uma "rodada"...

— Boa tarde, meus jovens! - disse Sabino. - Bons divertimentos neste fim de semana... E não se excedam... - acrescentou com um sorriso maroto.

— Tudo bem, vovô! Vamos nos comportar direitinho... - respondeu Gustavo.

Ainda rindo bastante, os jovens se afastaram. Sabino ficou ainda mais um tempo ali sentado, meditando, antes de se levantar para ir para casa.

18
Determinismo, carma e livre-arbítrio

TARDE DE PRIMAVERA... As flores dos canteiros da praça perfumavam o ar com suaves odores, atraindo miríades de insetos que bailavam freneticamente à sua volta. Toda a natureza explodia em cores vivas, oferecendo ao observador um quadro de rara beleza e harmonia. Sabino filosofava consigo mesmo a respeito da beleza das flores, dos pássaros, da natureza, enfim, enquanto esperava os jovens.

— E ainda dizem que Deus não existe... - pensou ele. - Mas basta ter "olhos de ver" para perceber a manifestação de Sua amorável presença nas maravilhas que a natureza nos apresenta... Bem, talvez esta seja a opinião de um velho romântico...

Nesse instante, suas cogitações filosóficas foram interrompidas pelo grupo de jovens que se aproximou sorrateiramente, tentando pregar-lhe um susto.

— Como vai, vovô? - disse Marcos, de forma abrupta, em voz mais alta do que o normal.

Sabino como que despertou, fingindo-se assustado:

— Ufa! Que susto! - respondeu sorrindo. - Eu estava meio distraído, pensando na beleza da primavera que se inicia e nem percebi a chegada de vocês.

Com a descontração própria dos jovens, eles ficaram conversando com Sabino sobre amenidades. Paulo e Clara chegaram depois, com ares de quem está preocupado com alguma coisa. Após os cumprimentos costumeiros, Sabino perguntou:

— Vocês parecem preocupados... Podemos ajudá-los?

Paulo antecipou-se na resposta:

— Bem, vovô, é o seguinte: depois que a gente começou a frequentar as suas "aulas" o nosso modo de pensar e de ver as coisas mudou completamente. Agora vemos certas questões com muito maior clareza...

— Isso é bom... - afirmou Sabino. - Significa que vocês estão conseguindo se libertar dos condicionamentos religiosos que os dominavam até então.

— É isso mesmo! Mas, agora surge uma porção de outras dúvidas, de perguntas e incertezas que martelam a nossa "cuca"...

— Por exemplo?...

— Essa coisa de predestinação, da salvação, enfim, do Bem e do Mal.

Maurício concordou com entusiasmo:

— Joia! Muito boa a questão. As religiões que estão por aí publicam folhetos dizendo que temos que ser "salvos", que Jesus veio para nos redimir e salvar dos pecados... Tem uma que afirma que todos somos predestinados, que o nosso destino já está traçado desde o berço... ou desde o começo do mundo...

Vera interrompeu:

— Eu também já ouvi alguns espíritas dizendo que temos que passar por uma série de sofrimentos em virtude de nosso "carma"... O que vem a ser isso?

— Bem, bem... Vamos por partes - disse Sabino, sorrindo ante a impaciência dos moços. - Vamos falar hoje do "carma", do determinismo e do livre-arbítrio.

Todos aprovaram os temas, acomodando-se ao redor do velho, como de costume. Sabino pensou um pouco, e começou:

— "Carma", ou "Karma", é uma palavra de origem sânscrita, um dogma do hinduísmo (religião e sistema social da maior parte da população da Índia) e adotada também pelo budismo. Ela traduz um princípio de "ação e reação", segundo o qual toda ação implica uma reação correspondente. Dessa forma, a nossa vida seria uma "roda viva", na qual somos governados pelas reações, pelos efeitos de nossas atitudes, boas ou más. Essa palavra infiltrou-se também no Espiritismo, com muitas pessoas pretendendo que ela mantenha o seu sentido original, deturpando, a meu ver, as bases doutrinárias espíritas. Segundo o Espiritismo, as ações e reações dependem da consciência de cada um, da necessidade que sentimos de reparar o mal praticado e não de um determinismo fatal e inflexível. Se tal determinismo existisse, o homem não teria o livre-arbítrio, ou seja, não seria livre para tomar decisões e, portanto, nem poderia ser responsável pelos seus atos. Se o destino das pessoas estivesse irremediavelmente traçado de antemão, as nossas atitudes também o estariam e, assim, ninguém seria responsável por coisa alguma. A verdade é que nós estamos construindo o nosso futuro, através do nosso procedimento. Receberemos as consequências dos nossos atos, bons ou maus. Mas não de forma inexorável, que não possamos mudar. O Espiritismo explica que os sofrimentos que experimentamos são consequências do nosso atraso espiritual. Contudo, não são apenas "castigos", mas oportunidades de resgate e de aprendizagem. Segundo a nossa doutrina, as vicissitudes da vida são, não apenas justas, mas sobretudo úteis... Através delas, adquirimos conhecimentos e depuramos o nosso espírito na jornada da evolução.

— Mas e a predestinação? - questionou Paulo.

— A predestinação seria uma inominável injustiça! Deus não seria justo e, portanto, não seria perfeito, se destinasse alguns seres humanos para a salvação e os outros à perdição. A verdade é que o homem, ao longo do tempo e dada a sua ignorância, acabou fazendo de Deus um ser à sua imagem, imputando-lhe os seus próprios predicados falíveis e imperfeitos, como essa ideia de que o ser supremo pudesse ser injusto. O Espiritismo, baseado na mais pura lógica, conceitua Deus como sendo o infinito de todas as perfeições. Não pode, portanto, ser injusto.

— Mas dizer que Deus é perfeito, não deixa de ser uma atribuição de qualidades humanas... - questionou Paulo.

— O fato é que Deus escapa à compreensão humana. Ainda não temos condições de imaginá-Lo sem atribuir-Lhe os nossos predicados, ainda que "bons"... Mas, seria inadmissível atribuir-Lhe os nossos defeitos, não é? Seja como for, temos que ampliar os nossos horizontes e parar de aceitar esse Deus finito, parcial, limitado, que as religiões tentam impingir. Temos que ver Deus como a "inteligência suprema do Universo e causa primária de todas as coisas", como dizem os Espíritos, e não esse Deus tribal, cruel, vingativo e rancoroso, como descrito na Bíblia...

— Mas, e a predestinação? - cobrou Maurício.

Sabino sorriu, antes de prosseguir:

— A única predestinação que o Espiritismo admite é que todos os seres humanos - mais precisamente, todos os Espíritos - foram criados absolutamente iguais, simples e ignorantes e a todos foi dada a "predestinação" de buscarem a perfeição por força dos seus esforços, através do processo de evolução em que todos estamos empenhados. Esse, aliás, é um dos pontos mais importantes do Espiritismo: não pregamos uma doutrina "salvacionista", mas sim uma doutrina "evolucionista". Ou seja, ninguém será "salvo", da mesma forma que ninguém "se perderá". Todos evoluirão, mais cedo ou mais tarde, através, como eu já disse, desse processo em que todos estamos envolvidos. Como somos espíritos imortais, teremos todo o tempo do mundo para realizarmos essa tarefa. Iniciamos a nossa jornada em mundos primitivos e, após conseguirmos todo o progresso ali possível, passamos a viver na Terra, que é um mundo de expiação e provas, onde permaneceremos, reencarnando sucessivamente, até adquirirmos condições para passar para mundos melhores. Como numa imensa escola em que galgamos as diversas séries até sairmos "graduados"...

— Ninguém se perde? - perguntou Vera. - Não é o que as religiões ensinam...

— É claro que não... Da mesma forma que ninguém se "salva"... Não existe nem céu nem inferno... Não existe outra morte, como preveem os protestantes... Existe apenas a evolução espiritual. Todos chegaremos lá, mais cedo ou mais tarde.

— E como é que a gente evolui? - perguntou Marcos.

— E por que Deus já não nos criou perfeitos? - acrescentou Vera.

— Bem, é meio difícil discutir por que Deus não fez isto ou aquilo, não fez deste ou daquele jeito... Imagina-se que Ele quisesse que o progresso fosse uma conquista de cada um, em vez de ser uma graça concedida de "mão-beijada", como se costuma dizer. O início do espírito perde-se nas noites do tempo... como consta de *O Livro dos Espíritos*. Não nos é dado conhecer com clareza as suas origens. Mas o fato é que, uma vez chegada à idade da razão humana, a alma, ou "princípio inteligente" já se acha dotado do "livre-arbítrio", ou seja, da posse da livre escolha do caminho a seguir. A partir daí, o homem passa a ser responsável por seus atos. Deus não deseja escravos ou marionetes, mas filhos independentes que cheguem até Ele através dos caminhos que lhe propiciam o amadurecimento gradual da alma. Uma vez assumido o livre-arbítrio, a consciência, ou alma humana, vai evoluindo lentamente por meio de sucessivas experiências proporcionadas pelas reencarnações. Sendo responsável pelos seus atos, vai colhendo as flores ou os espinhos que houver semeado pelo caminho. É nisso que consiste a lei de causa e efeito. Se vocês cultivarem a bondade, a amizade e a compreensão, colherão o reconhecimento e a reciprocidade dos seus amigos e conhecidos. Mas se forem egoístas, irascíveis e intolerantes, só poderão receber dos seus amigos a solidão e o abandono.

Sabino fez uma pequena pausa, antes de continuar:

— A Terra, o nosso mundo-escola está na faixa dos mundos inferiores, onde reinam a expiação e a prova, isto é, um local em que o espírito humano, voluntariamente, tangido apenas pela sua consciência, "expia" ou repara os erros cometidos. Assim como o aluno repara, refaz a lição malfeita, nós também seremos chamados a retificar as atitudes erradas, a fazer o bem onde ou a quem fizemos o mal, a construir amizades onde anteriormente semeamos egoísmo e intolerância, a transformar antigos rancores em concórdia e compreensão, a semear o progresso onde havíamos plantado o atraso e a miséria, a reconstruir o que havíamos destruído. As diversas circunstâncias da vida nos defrontarão com situações nas quais serão exigidas "provas" de que realmente "aprendemos a lição", de que já somos capazes de adotar as atitudes corretas, evidenciando a nossa compreensão do mandamento maior da lei, definido por Jesus, ou seja, a norma segundo a qual devemos fazer aos outros aquilo que gostaríamos que os outros nos fizessem. Ou, como no preceito de Confúcio, não fazer aos outros o que não gostaríamos que os outros nos fizessem. Essa é, na essência, a velha questão do Bem e do Mal...

— É, vovô! - atalhou Paulo. - Essa é a grande questão. O que é o Bem? O que é o Mal?

— Pois é, meus jovens... A questão é boa... Já a resposta... Muitos e muitos tratados já foram escritos sobre isso... E tudo é muito, muito relativo... No âmbito do Espiritismo, podemos definir que o mal é o resultado de nossa ignorância. É claro que esse princípio não é novo. Platão, de uma certa forma, já o defendia. Mas é certo que o homem erra porque não sabe, porque ainda é um espírito pouco evoluído. Por isso, sofreremos as consequências dos nossos erros até aprendermos, até descobrirmos o Bem. Uma vez adquirido o progresso espiritual de que necessitamos, perceberemos os benefícios e as alegrias que o bem nos traz, de sorte que nossas atitudes se modificarão radicalmente. O Mal, enfim, é condição passageira de nossas almas, é uma fase de transição para o bem. Já o Bem é o prelúdio do amor e da perfeição, herança destinada a cada um de nós pelo nosso perfeito e imutável Pai, que é Deus. É isso aí! Deu para entender, ou ainda ficou alguma dúvida?

O grupo permaneceu silencioso e pensativo. Quebrando o silêncio, Paulo observou:

— Quer dizer que **não** precisamos ser "salvos"? Que **todos** entrarão no reino dos céus?

Sabino respondeu sorrindo bondosamente:

— Paulo, o dogma da salvação pelo sacrifício de um inocente tem suas raízes na mitologia pagã. Nos primeiros séculos do Cristianismo, não era assim. Só após o século IV, quando Constantino adotou o Cristianismo como a religião oficial do Império Romano, é que surgiu a constituição da classe sacerdotal e dos vários dogmas de fé. Os preceitos evangélicos foram negligenciados e adaptados aos interesses clericais. Nossa razão rejeita a ideia de que um inocente devesse morrer para pagar por crimes que não cometeu, para satisfazer a sede de vingança de um Deus cruel, injusto e sanguinário! Já o apóstolo Paulo declarava que Deus quer que todos os homens se salvem e cheguem ao pleno conhecimento da verdade. O Espiritismo explica, de modo racional e lógico, que **todos** os seres humanos são "predestinados" à perfeição; que o mais bárbaro e recalcitrante criminoso ingressará um dia na angelitude; que o Mal é condição passageira da alma humana, a qual, através do mecanismo das existências sucessivas, vai se burilando, livrando-se de suas asperezas, até adquirir as condições para "entrar no reino dos céus". E que este, o reino dos céus, é um estado da alma, de paz e tranquilidade, decorrentes da certeza do dever cumprido. Paulo, Deus nos deu o livre-arbítrio e inúmeras chances para nos "salvarmos" de angustiosos problemas criados pela nossa imprevidência, pela nossa ignorância de espíritos infantis, mal ingressados na idade da razão...

Admirada, Clara aduziu:

— Puxa! É realmente bem mais lógico e gratificante saber que todos, mais cedo ou mais tarde, chegaremos à felicidade plena.

Paulo voltou à carga:

— E o que você nos diz do céu e do inferno, tão apregoados pelas religiões para aterrorizar as "almas pecadoras"?

— Na próxima semana, trataremos disso. É assunto bastante extenso e não daria para debater hoje.

Os jovens começaram a se levantar. Maurício comentou:

— É muito bom saber que um dia poderemos ser "anjos"... E que não dependemos de sacramentos e penitências para chegar lá...

— É bem consoladora essa doutrina! - observou Marcos.

Por fim, depois das despedidas, o grupo se dispersou. Sabino, mais uma vez, os acompanhou com os olhos até que desapareceram na esquina, após o que, levantou-se e começou a caminhar para casa, intimamente satisfeito consigo mesmo.

19
Pecados, castigos e recompensas. Céu e inferno. Anjos e demônios

O CÉU CINZENTO E TRISTE derramava sobre a terra um chuvisco fino e penetrante. Sabino, todo encapotado, dirigia-se à praça, quando cruzou com Marcos que vinha ao seu encontro.

— Oi, vovô! Que dia mais feio, hein? Nem parece primavera...

— Realmente, mas a chuva também é necessária à natureza... Não serve apenas para estragar passeios... E você, está bem?

— Tudo legal, vô. Olhe, o pessoal está esperando na padaria do "seu" Manoel. Com esse tempo, não dá para ficar na praça.

— Eu já havia imaginado que vocês estariam lá...

Marcos e Sabino dirigiram-se então ao "reservado" da padaria, onde o resto da turma os esperava. Após as saudações de praxe e de uma xícara de chá bem quente, Marcos perguntou:

— Como é, vovô! Será que hoje teremos a continuação da lição passada?

— Eu gostaria de saber algo mais sobre o "pecado", sobre o céu e o inferno... - comentou Maurício.

Clara interrompeu, com vivacidade:

— E sobre anjos e demônios!

— Afinal, o que vem a ser um "pecado" - disse Marcos. - Essa palavra parece ter um sentido tão amplo...

— Eu não acredito muito em pecado - declarou Paulo. - Acho que esse conceito só serve para assustar mentes pouco instruídas e ingênuas...

— É claro que pecado existe! - atalhou Gumercindo, de ordinário tão calado. - É tudo o que fazemos de errado!

— E o que é errado? - retrucou o outro.

Sabino apressou-se a interromper a discussão.

— Meninos, calma! Vamos tratar disso tudo, mas uma coisa de cada vez.

Ante o silêncio que se fez, Sabino prosseguiu, após pensar um pouco:

— Acho que poderíamos definir pecado, de uma forma justa e racional, como sendo atitudes nossas que prejudicam o nosso próximo ou a nós mesmos. Tudo de acordo com o velho ditado segundo o qual "não devemos fazer aos outros o que não desejamos que os outros nos façam". Infelizmente, ao longo do tempo as igrejas ditas cristãs, divididas em inúmeras seitas, do catolicismo até as centenas de ramificações das "igrejas reformadas", vêm incutindo em seus adeptos o medo do pecado, ameaçando os infratores com os terríveis castigos eternos! A verdade - e aqui não vai nenhuma crítica, mas simples constatação - é que, com o objetivo de manter o poder sobre as pessoas, praticamente todas as religiões, antigas e modernas, têm-se arvorado em únicas e exclusivas intermediárias entre os homens e Deus. E toca a inventar "pecados" ... Tudo era proibido... Tudo era pecado... Deixar de frequentar a missa... Não tomar a comunhão... Não acatar as "ordens" do padre... Até as coisas mais simples, como comer, beber, fazer sexo... Qualquer coisa era pecado... E isso tudo para incutir nas mentes o medo, o pavor da "danação eterna", para fazer com que todos se sentissem réprobos, aniquilados por avassaladores complexos de culpa... Para, depois, "vender" a salvação através dos diversos rituais propostos pelas igrejas...

— Puxa, vovô! É assim mesmo? - perguntou Vera, meio perplexa.

— Infelizmente, é, Vera. As igrejas transformaram o complexo de culpa, por elas mesmas incutido, em fonte de renda... Mas, a verdade é que, como também já disse antes, Deus não é esse juiz implacável, que normalmente pintam. Ele sabe perfeitamente que os homens erram porque ainda são atrasados, ignorantes. E que são ignorantes porque Ele próprio os fez assim. Como poderia, portanto, ser implacável com os erros humanos?

— Engraçado, nunca ninguém tinha comentado isso desse jeito - disse Maurício, pensativo.

— Mas a lógica disso é clara, você não acha? - desafiou Sabino.

— Sem dúvida! Mas acho interessante que nenhuma outra religião encare as coisas desse jeito.

— Isso ocorre simplesmente porque nenhuma delas é capaz de explicar a origem dos seres humanos, o objetivo da vida, enfim, o mecanismo de nossa jornada como seres criados por Deus.

— Como assim?

— Simples. O Espiritismo é a única doutrina que explica que cada ser humano - na verdade, cada espírito humano - é criado da mesma forma que todos os outros, isto é, simples e ignorante, e que cada um tem por objetivo alcançar a perfeição, por seus próprios esforços, num processo de evolução gradativa, por meio das reencarnações. Por isso é que podemos afirmar que somos ignorantes, porque ainda não progredimos o suficiente e que, portanto, temos que contar com a complacência, com a paciência e a tolerância de Deus para com os nossos erros. E é justamente o que afirmou Jesus, ao nos trazer o conceito de um Deus-pai, bondoso e compreensivo, ao invés de um Deus-juiz, vingativo e rancoroso. Por isso, não é aceitável a ideia da existência do inferno. Ele não é necessário. O ser humano é julgado, após o seu desencarne, por um "juiz" bastante rigoroso: a sua própria consciência. E eu gosto de lembrar que esse é um julgamento terrível, porque podemos eventualmente enganar os outros, mas não podemos enganar a nós mesmos. Confrontados com as nossas atitudes passadas, sopesando as consequências dos nossos atos, provavelmente morreremos de vergonha...

Os jovens se entreolharam e, maliciosamente, começaram a rir...

— É, vovô... Acho que você tem razão... - comentou Paulo. - Não é muito fácil encarar algumas coisas que a gente faz e prefere nem lembrar...

— Sim, mas não precisam também ficar com complexos de culpa - observou Sabino, rindo também. - E não acho que vocês tenham, ainda tão jovens, tantos pecados assim de que se envergonhar...

— Não sei, não, vovô... - observou Maurício. - Eu não teria tanta certeza...

— Bem, não vou discutir isso agora. Cada um sabe de si. Não vamos transformar nosso encontro num confessionário. Isso é coisa para os padres...

Todos riram, concordando. Sabino então prosseguiu:

— A verdade é que, segundo o Espiritismo, céu e inferno são estados d'alma, estados de consciência. Aquele que praticou o Bem, tem a consciência tranquila, ou seja, sente-se em paz consigo mesmo, feliz e realizado. Aquele que praticou o Mal, entretanto, sente-se incomodado pelo remorso, aflito, desassossegado e em sofrimento. Esta situação aflitiva só será resolvida quando, coagido pelo ingente império da consciência, venha o sujeito a expiar ou reparar o mal praticado. Não há mal que sempre dure, que não possa ser reparado. Sendo o destino natural do ser humano buscar a perfeição, a consciência culposa, mais cedo ou mais tarde, livrar-se-á das trevas dos remorsos e do atraso espiritual, acendendo em seu coração a luz do amor e do trabalho, que expulsará toda a escuridão da ignorância e do mal.

— E a confissão dos pecados? E a absolvição através da comunhão?

— Não passam de rituais introduzidos no Cristianismo pelo clero, sem nenhum valor efetivo. Basta raciocinar um pouco. Seria aceitável imaginar que Deus tivesse dado apenas a alguns a oportunidade do perdão?

— Como assim? - perguntou Paulo.

— Ora, se essa forma de absolvição fosse válida, apenas os que têm acesso a ela é que acabariam por se beneficiar.

— Mas todos podem se confessar...

— Todos os que, digamos, vivem em países católicos... Ou que, de algum modo, possam participar desses rituais. E os muçulmanos, por exemplo, como ficariam? Iriam "direto" para o inferno, só porque não haveria padres por perto? É evidente que a "salvação", para usar o termo inadequado, mas comum, não poderia basear-se em coisas a que só tivessem acesso uns poucos privilegiados. Teria que se fundar em processos e atitudes disponíveis para todas as criaturas, independentemente de suas crenças particulares... A fé não está acessível a todos, ao contrário do que se pensa. Não pode, portanto, ser a base da salvação...

— Então, como é que fica? - voltou a questionar Paulo.

— Nenhum homem, nenhum ritual, nenhum artifício tem o poder de "perdoar" pecados. Todos terão que resgatar, de uma forma ou de outra, os males que tenham praticado. Não há a salvação "fácil" que as igrejas tentam impingir. É "propaganda enganosa", para usar o termo da moda... Anunciam e "vendem" mercadoria que não poderão entregar... Não basta apenas "reconhecer" e confessar os erros cometidos, mas sim, acima de tudo, retificar as atitudes, reparar os malefícios produzidos. Confissões orais são efêmeras... A reparação do mal é uma prova concreta da mudança de atitude da criatura humana, de um arrependimento verdadeiro, que só se concretiza com a expiação do mal praticado.

— E quanto aos anjos e demônios? - perguntou Maurício.

— O sentido da palavra "demônio" foi deturpado pelos cristãos, aplicando-a para designar seres monstruosos, munidos de chifres e exalando enxofre, sempre empenhados em assediar as almas humanas para desviá-las do caminho do bem. Contudo, em suas origens gregas, esse vocábulo significava apenas "gênios" ou "espíritos". Vários filósofos antigos, inclusive Sócrates, se referiam com frequência aos seus "daimons", ou espíritos protetores... Aliás, a ideia do Demônio, defendida pelas igrejas cristãs, como "adversário" de Deus, é incompatível com o conceito de ser Deus todo-poderoso... Se Deus "pode tudo", como tolera a existência e a atuação do Demônio objetivando pôr a perder as criaturas? Como bem definiu Kardec, de duas uma: ou Deus pode derrotar o Demônio e não o faz porque não quer, ou Deus quer mas não pode derrotá-lo. Se pode e não quer, então é mau, perverso, por permitir que um inimigo tão terrível viva a atormentar a humanidade, já de si tão fraca e vulnerável. Que qualificativo daríamos a um pai humano que aceitasse impassivelmente o descaminho de um de seus filhos, ante a investida de um traficante de drogas, por exemplo, se tivesse condições de o evitar? E se Deus quer mas não pode vencer, então não é onipotente, e aí vai por terra mais um dos atributos essenciais da divindade. Como já dissemos, Deus é, por definição, o infinito de todas as perfeições: onipotente, onisciente, onipresente, soberanamente bom e justo. Assim, qualquer teoria que nos leve a admitir a mínima imperfeição em Deus, é uma teoria falha, ou, pelo menos, incompleta. E, como vimos, nas duas hipóteses levantadas, estamos diante de absurdos, pois Deus ou não seria onipotente, ou não seria bom.

— É, parece uma "sinuca" - observou Marcos.

Sabino concordou com um sorriso:

— Pois é! Ao defender ideias ilógicas, as religiões vivem se metendo em "sinucas", como você diz. Mas devemos dizer mais algumas coisas a respeito dos demônios. Descartada a existência do Demônio como adversário de Deus, temos que considerar que existem, no plano espiritual, espíritos tão maus, tão atrasados, e capazes de uma atuação tão destruidora, que até podem ser comparados a demônios. A diferença é que não são seres voltados eternamente para o mal, destinados a praticá-lo para sempre, mas sim espíritos ignorantes e atrasados, que terão também oportunidade de progredir. Forçados pelos sofrimentos, acabarão por arrepender-se um dia, despertando para a luz, que é o destino final de todos os seres humanos. Eu sempre gosto de brincar dizendo que o ser humano já é de si tão egoísta, perverso e mau, que não precisa da ajuda de ninguém para praticar suas ações maléficas. Nós somos "PhD" em praticar o mal...

Todos riram da observação de Sabino.

— Mas, e a lenda dos "anjos decaídos"? - questionou Zezé.

— É uma outra história que o Espiritismo não aceita. Um dos

fundamentos da nossa doutrina é o conhecimento de que todos os espíritos estão envolvidos num processo de **evolução**, e não de "involução". Ou seja, eles só podem progredir, avançar, e jamais retroceder. Não há hipótese de um espírito bom tornar-se mau. Na pior das hipóteses, pode estacionar, mas mesmo assim, temporariamente. Os anjos, para usar o termo usual, são apenas espíritos que já atingiram a perfeição, evoluindo como todo mundo. Não são seres especiais, como as religiões imaginam. Ora, partindo desses dois princípios, é claro que, tendo atingido a perfeição, insisto na palavra perfeição, jamais poderiam "cair" de uma forma tão estúpida, como consta que fizeram.

— Realmente, as suas explicações me pareceram bem interessantes e lógicas, vovô! - comentou Clara. - As ideias espíritas parecem bem lógicas e racionais...

— E contribuem para livrar-nos dos medos e terrores que, como garras de ferro, comprimem as nossas almas. A doutrina espírita nos liberta do medo da morte, do medo dos castigos eternos e do inferno. Ensina-nos que o homem é responsável pelos seus atos; que não existem castigos, mas oportunidades de resgate voluntário para os nossos erros; que com nossos esforços diários na prática do bem, e com o desenvolvimento de nossas potencialidades espirituais, é que vamos nos livrando gradativamente do círculo de reparações e expiações, vamos purificando nossa alma de sentimentos inferiores, até atingirmos a condição de angelitude, como espíritos puros...

Sabino fez uma pausa para saborear mais uma xícara de chá e comer algumas torradas, enquanto o grupo se mantinha em silêncio. O velho observava no rosto de seus jovens amigos o efeito de suas palavras. Todos estavam sérios e pensativos. Lá fora, a chuva fina continuava, intermitente. Começava a escurecer. Quebrando o silêncio, Vera observou:

— Confesso que eu me sinto bem mais aliviada, como se um grande peso tivesse saído da minha consciência... Não que eu acreditasse muito nessa coisa de inferno, mas sempre ficava alguma dúvida... Agora já penso diferente...

— É, a gente se sente mais livre - acrescentou Gumercindo.

Sabino aproveitou o "gancho" para comentar:

— Jesus já afirmava: "conhecereis a verdade e ela vos libertará"... Conhecendo gradativamente as verdades eternas, que nos são reveladas de acordo com a nossa capacidade de compreender, vamos pouco a pouco nos libertando dos tabus e condicionamentos errôneos herdados de um passado longínquo.

— E com isso nos tornamos mais felizes, não é, vovô? - disse Gustavo.

— Realmente, assim é - respondeu Sabino.

Maurício levantou-se, sendo acompanhado pelos demais colegas.

— Vô, obrigado pela bela lição de hoje. Já está escurecendo, temos que ir. Mas nós vamos acompanhá-lo até sua casa.

— Bem, necessário não é, mas aceito e agradeço pela companhia, amigos.

Após pagas as contas, todos saíram, dirigindo-se à residência de Sabino, enfrentando a chuva fina e fria que caía mansamente...

20
Instinto e razão

O GRUPO DE JOVENS aproximou-se da praça em alegre algazarra. Um belo cãozinho preto malhado de branco pulava freneticamente em torno deles, latindo alegremente, quase tão excitado quanto seus companheiros humanos.

Sabino, no banco em que estava sentado, acompanhava admirado aquela euforia toda, sem nada entender. Com as faces ainda coradas por força daquela agitação, os moços rodearam o velho, instalando-se no chão, à sua volta, como de costume, enquanto Zezé e Vera sentaram-se ao seu lado. O cachorrinho, sem a menor cerimônia, pulou para o banco, acomodando-se da melhor maneira possível entre as duas moças, colocando a sua cabeça sobre os joelhos de Sabino, como que a perguntar: "posso?".

— Boa tarde vovô! Ufa! Estamos cansados de tanto discutir - disse Vera, bem-humorada. - Ah! Eu ia esquecendo de apresentar--lhe o nosso novo amiguinho...

— Muito prazer! - disse Sabino, rindo. - E quem é ele?

— É o Negrinho, o novo cachorrinho da Zezé e do Gustavo. Acontece que o Gustavo "arranjou" o bichinho para dá-lo de presente para a Zezé. Mas, antes, apegou-se tanto a ele que não quer mais dá-lo para ela. Ela, por sua vez, exige a entrega do presente... Daí essa discussão toda...

— Hum! Pelo jeito estamos diante de um "baita" de um problema, hein? Afinal, quem é o dono do Negrinho?

— É isso aí! Uma parada dura de resolver...

— Vamos usar a "justiça" de Salomão - disse Sabino, ainda rindo. - Se já existe uma grande amizade entre o Negrinho e o Gustavo, uma separação agora iria entristecer muito o bichinho. Assim, o correto me parece arranjar outro cachorrinho para a Zezé, e o Gustavo ficar com o seu amigo quadrúpede...

Houve aprovação geral à ideia. Zezé foi a que mais se entusiasmou:

— É isso mesmo! Você não disse que havia outros filhotes na ninhada? Pois é isso! Eu vou com você para escolher pessoalmente o **meu** cachorrinho!

Gustavo concordou:

— Tudo bem! Depois da "aula" nós vamos lá para escolher o seu cachorro.

— Bem, acho que agora está tudo resolvido, não é? - perguntou Sabino.

— Está sim! - responderam em uníssono Gustavo e Zezé.

— E quanto a você - disse o velho, dirigindo-se ao cão - pode desfrutar o meu colo, que não me incomodo não...

Como se houvesse entendido, Negrinho abanou o rabo alegremente, lambendo a mão do velho. Zezé comentou curiosa:

— Vô, como é que o Espiritismo encara os animais? Eles têm alma, ou não?

— Eis aí um bom tema para o nosso "papo" de hoje - disse Sabino. - E com ele, iniciaremos o que podemos considerar a parte científica da doutrina.

Maurício fez uma careta:

— Chi! Ciência não é comigo! Não me dou muito bem com essas matérias; Física e Química não são comigo...

— Calma, filho! Não vamos tratar de coisas intrincadas como as fórmulas e equações químicas e físicas. Vamos falar de outro tipo de ciência, ou seja, a ciência espiritual e a que se refere à parte experimental do Espiritismo.

— Ah! Ainda bem...

— Então, vamos em frente. Vocês devem lembrar-se de que eu já falei de "princípio inteligente" e do "princípio vital", não é?

— Mais ou menos - disse Gustavo, recebendo a tácita aprovação dos outros.

— Pois hoje nós vamos tratar do "princípio inteligente", ou da "alma", ou "princípio anímico", expressões que são todas sinônimas. Devo dizer, contudo, que não é um assunto fácil, embora diferente da Física e da Química. Vou tentar simplificar ao máximo, para não agravar a "alergia às ciências" do Maurício...

Todos riram. Sabino fez uma pequena pausa e continuou:

— É certo que o reino mineral é destituído de qualquer dos sinais que definem o que chamamos de "vida". Os minerais são imutáveis e insensíveis, não nascem, não se reproduzem, não morrem. Já no reino vegetal existe vida, verificando-se que as plantas apresentam sensibilidade e estão sujeitas às alterações típicas dos seres vivos. Há indícios de que os vegetais são sensíveis até a manifestações de carinho e de que reagem a ameaças... Assim, podemos afirmar que no reino vegetal existe um "princípio inteligente" rudimentar, que ainda não podemos chamar de "alma", mas talvez apenas de "sensibilidade", atuando ao lado do princípio vital.

— Eu li a respeito de uma experiência em que uma planta reagia à aproximação de um homem que a tinha maltratado - disse Zezé. - Usaram um aparelho que se chama "polígrafo", se não me engano.

Sabino concordou com a cabeça, mas, não querendo perder o fio da meada, continuou:

— Chegamos agora ao reino animal. Acho que nem é preciso falar da "inteligência" apresentada pelos animais, pois é uma coisa que se percebe com facilidade. Contudo, não podemos falar em "inteligência" no sentido lato do termo, uma vez que o princípio anímico dos animais é governado pelos instintos de conservação e reprodução de cada espécie. Por exemplo, o joão-de-barro é bastante engenhoso ao construir a sua casa, corretamente orientada em relação à luz solar, aos ventos etc. Mas ele não é capaz de modificar o seu "projeto", para adaptar a sua obra a outras condições. A casa do joão-de-barro é feita da mesma forma há milênios. E continuará assim para sempre. Evidentemente, existem animais que apresentam um grau maior de autonomia em sua ação. Há gatos, cães, cavalos, por exemplo, dos quais às vezes dizemos que "só falta falar". Muitos são capazes de, adestrados, desempenharem tarefas relativamente complexas. Mas isso ocorre sempre pela ação do homem, pois entregues a si próprios, jamais realizarão qualquer progresso.

— Mas esse "princípio inteligente" dos animais se conserva depois da morte? - perguntou Vera. - Ou seja, a alma dos animais vive após a morte?

— Não no sentido de conservar a consciência de sua individualidade, Vera. Segundo *O Livro dos Espíritos,* as "almas" dos animais são imediatamente "reutilizadas" em novos seres. Não há "espíritos" de animais terrestres no plano espiritual. Não há, que eu conheça, nenhuma obra mediúnica séria relatando a presença de bichos de estimação, por exemplo, na erraticidade.

— Erraticidade? O que que é isso? - questionou Marcos.

— Erraticidade é o estado em que os espíritos se encontram entre uma encarnação e outra... Muito embora em algumas obras encontremos referências a animais, tudo leva a crer que são criaturas que não existem na Terra. No livro *Memórias de um suicida,* por exemplo, há a citação de animais "semelhantes a cavalos", mas não diz que são exatamente cavalos. Porém, essa é uma questão extremamente controvertida dentro do Espiritismo. Nem os próprios Espíritos chegam a um acordo quanto a isso. Em todo caso, eu, como sempre, ante opiniões conflitantes, prefiro ficar com Allan Kardec e considerar que os animais não têm uma alma individualizada e consciente como a alma humana.

— Mas, como é que a alma começa a sua vida? - perguntou Paulo. - Já começa como homem? A gente poderia ter sido bicho antes?

— Calma! Vamos por partes. Acho que já disse anteriormente que, em sua origem, a alma humana assemelha-se ao estado de infância na vida terrena, no qual a sua inteligência ainda é incipiente. Mas isso demonstra já um certo progresso. As primeiras encarnações, as mais remotas, ocorrem em outros mundos, em seres inferiores da criação. Segundo entendo, não começa na Terra, de modo que não há possibilidade de termos sido gatos, cães, ou macacos, como muitos pensam. E nem que venhamos a ser qualquer um desses bichos, pois, por princípio, os espíritos não podem regredir. Eu sou de opinião de que as pessoas, em geral carinhosas com os seus bichos, sempre pensam neles quando falam em "alma" de animais. Cães, gatos, cavalos e assim por diante. Mas e os outros bichos? Minhoca tem alma? E amebas?

Todos caíram na gargalhada. Paulo a custo conseguiu refrear o riso para dizer:

— Já imaginaram uma "alminha" de minhoca?

E todos voltaram a rir. Sabino riu muito também, mais da reação deles do que por outro motivo. Por fim, acalmados os ânimos, o velho prosseguiu:

— Talvez possamos resumir essa questão afirmando que a alma, ou princípio inteligente, percorre uma escala evolutiva, partindo da mera sensibilidade, passando pelo instinto e chegando à razão.

— Seria essa a evolução de que tratou Darwin? - perguntou Paulo.

— Não, Paulo. Darwin tratou da evolução no sentido material do termo. Ou seja, da evolução das espécies através das mutações depuradas pela seleção natural. Ou seja, defendeu a ideia - considerada absolutamente herética, no seu tempo - de que um determinado ser, ao sofrer uma mutação qualquer, tenderia a perpetuar essa mutação caso ela lhe proporcionasse algum tipo de vantagem sobre os outros indivíduos de sua espécie. Por esse mecanismo, esses seres mutantes, por se revelarem mais aptos para a sobrevivência e a reprodução, acabariam suplantando os demais, fixando a mutação. É mais ou menos isso, de uma forma super simplificada, é claro. Mas, seja como for, trata apenas da evolução das conformações materiais das espécies, nada tendo a ver com a evolução espiritual de que se ocupa o Espiritismo.

Após pequena pausa, Sabino continuou:

— Apesar de já termos chegado à fase da razão, nós, humanos, ainda ostentamos muitas impurezas, resquícios remanescentes de nosso passado em estágios inferiores. Os instintos ainda governam muitas das nossas atitudes diárias, de forma que reiteradas vezes não nos distinguimos muito dos outros animais, ditos "inferiores". Dia virá, contudo, que a alma humana acabará por depurar-se, desligando-se da matéria grosseira da Terra para ingressar em mundos mais felizes, de matéria mais sutil, onde nossos corpos serão verdadeiros focos de luz e energia. Teremos chegado, então, ao estágio de angelitude e, portanto, mais perto de Deus. Quando chegaremos a isso? Quando teremos permissão para ingressarmos em mundos mais felizes? Em anos? Séculos? Milênios? Tudo dependerá do nosso esforço, de nossa perseverança no bem. Bem, meus jovens, tentei fazer uma síntese daquilo que chamamos de evolução. Fiz o possível para ser bem simples e claro. Não sei se consegui...

— Para mim está bastante claro - disse Marcos.

Logo, os outros manifestaram sua concordância. Aos poucos, eles foram se levantando. Já começava a escurecer.

— Hora de ir embora! - exclamou Gustavo. - Além do mais eu tenho que dar um leitinho para o Negrinho.

— Ih! Virou babá de cachorro - brincou Marcos.

Gustavo lançou-lhe um olhar ameaçador, mas nada disse. Chamou o cachorrinho, que o atendeu prontamente.

— Vamos para casa - disse, pegando-o no colo. Zezé protestou:

— Nada disso! Primeiro vamos escolher o meu cãozinho. Você prometeu.

— Ah, é! Vamos, sim...

21
Espírito, perispírito e corpo material

NA SEXTA-FEIRA SEGUINTE, uma bela tarde ensolarada, após os cumprimentos de costume, Sabino iniciou a conversa dizendo:

— Hoje, vamos falar um pouco sobre o ser humano...

— Ué! - estranhou Paulo. - Não é exatamente sobre isso que a gente vem conversando há tempos?

Sabino riu da observação.

— Sim, sim! Mas hoje quero abordar um outro aspecto do ser humano: a sua composição, do ponto de vista do Espiritismo. Como é que vocês acham que o homem é constituído?

— Corpo e alma - respondeu Vera rapidamente, logo recebendo o apoio dos demais.

— Aí é que está a questão - disse Sabino. - Ao contrário do que normalmente se imagina, não somos compostos apenas por duas "partes", mas por três: o corpo, material, palpável; o espírito, imaterial, intangível pelos nossos sentidos; e um terceiro elemento, que Kardec chamou de "perispírito", intermediário entre os outros dois. Sobre o corpo, não há muito o que falar. Como já vimos, por ele participamos do mundo animal, sujeitos a todas as necessidades e vicissitudes inerentes a essa condição, comuns a todos os outros seres. A grande diferença é a nossa "alma". Vamos, portanto, tratar dela sem mais delongas... Como se sabe, o espírito, propriamente dito, não tem uma forma precisa, circunscrita. Instados a defini-lo, os Espíritos tiveram, como seria de se esperar, enormes dificuldades, pois a nossa linguagem é pobre e não dispõe de palavras apropriadas para designar coisas totalmente alheias à nossa realidade. Isso os obrigou a usar de analogias, afirmando que o espírito seria uma "centelha etérea", uma chama, uma energia, definições pobres, incompletas e, portanto, nem um pouco satisfatórias. Infelizmente, não dispomos de outras, de modo que temos que nos contentar com essas. Ao encarnar no mundo, o espírito se reveste de uma espécie de "corpo" semimaterial, também de natureza um tanto indefinível na nossa linguagem, que faria a "ponte", a "ligação" entre ele e a matéria bruta. A esse corpo intermediário Kardec, como eu já disse, deu o nome de "perispírito", por considerá-lo comparável esquematicamente ao perisperma que reveste a semente de um fruto. O perispírito, formado por modificações do chamado "fluido universal" peculiar a cada mundo, assume a forma do corpo, ou, talvez melhor dizendo, constitui uma "cópia" fluídica do corpo, com todos os seus órgãos e demais componentes. Mas, numa análise mais ampla, mais rigorosa, seríamos forçados a afirmar que o corpo é que viria a ser uma "cópia" do perispírito, pois segundo a opinião de alguns estudiosos, esse elemento seria uma espécie de "molde" fluídico, energético, que "modelaria" o corpo humano, desde a sua concepção e durante o seu ulterior desenvolvimento físico.

— Que coisa complicada! - reclamou Marcos.

— Vamos tentar melhorar isso - disse Sabino. - Segundo se crê, sem o perispírito, sem o "molde", o embrião não se desenvolveria como um ser humano, mas seria uma massa informe, um verdadeiro "bolinho de carne". Esse "corpo espiritual" é que dirigiria as leis biológicas durante a gestação. Muito embora os cientistas afirmem que a diferenciação das células em tecidos e órgãos específicos seja uma consequência das "informações genéticas", a verdade, do ponto de vista espiritual, é que isso não acontece exatamente assim, uma vez que o perispírito exerce, paralelamente, uma grande influência na conformação física do novo ser. Melhorou, Marcos?

— Um pouco... - admitiu Marcos. - Mas essa coisa do embrião é meio impressionante...

— De fato, tenho de reconhecer que essa é uma questão complexa e ainda bastante controvertida... Não acho oportuno prosseguirmos nesse caminho, pois isso me obrigaria a emitir opiniões pessoais, minhas e de outros, que seriam exatamente isso: meras opiniões, no fundo impossíveis de provar... Pelo menos por enquanto... O que interessa, para o nosso estudo, é que existe efetivamente um elemento intermediário entre o espírito puro e a matéria bruta. Esse elemento, que algumas correntes espiritualistas chamam de "corpo astral", ou "duplo etéreo", é que permitiria ao espírito - totalmente impalpável, repito - agir sobre a matéria grosseira.

Sabino fez uma pequena pausa, antes de prosseguir:

— No desencarne, o espírito se desprende levando consigo o perispírito, conservando, em geral, o aspecto que tinha "em vida". É por isso que os médiuns videntes conseguem "ver" e identificar os espíritos de pessoas falecidas. Mas o perispírito é extremamente maleável, podendo, portanto, assumir múltiplas formas. Dependendo do grau de elevação espiritual, pode apresentar-se luminoso ou opaco, sutil ou grosseiro, ou até mesmo descambar para aspectos medonhos, monstruosos, animalescos, no caso de espíritos muito comprometidos moralmente.

— Mas como essas modificações acontecem? - perguntou Paulo. - São automáticas ou dependem da vontade do Espírito?

— De um modo geral, são automáticas. Na maior parte dos casos, é até inconsciente, pois o Espírito recém-desencarnado nem toma conhecimento do que ocorre com ele, como se verifica com frequência em sessões mediúnicas, nas quais a entidade descreve o seu próprio aspecto, ora como se ainda estivesse vivo, inclusive não percebendo que "morreu", ora relatando ferimentos, doenças e, até, deformidades como pelos e garras. Mas alguns Espíritos são capazes de manipular isso, alterando a própria aparência, apresentando-se de forma adequada aos seus propósitos. Temos conhecimento de Espíritos altamente elevados que se manifestam nos Centros como "pretos velhos", por exemplo, com o intuito de nos dar lições de humildade. E também de Espíritos zombeteiros, que assumem o aspecto de duendes, ou de outras figuras grotescas, com a intenção de anarquizar as reuniões.

— Puxa, vovô! Isso tudo é interessante à beça! - observou Maurício. - Você fala de coisas que a gente nem sonhava que existissem...

— Mas, pelo que pude perceber, vovô, muitas dessas coisas estão presentes nos Evangelhos - completou Paulo. - Não tão claras como você ensina, mas acho que estão lá...

— Você tem razão, Paulo. Praticamente, tudo está nos Evangelhos, embora de forma velada, visível apenas aos que "têm olhos de ver", para usar uma expressão do próprio Cristo.

— E como você aprendeu tudo isso? - perguntou Vera.

— Bem, a vida nos ensina muitas coisas. Mas quase tudo que sei aprendi nos livros. Sempre li muito, desde criança. Isso amplia os nossos horizontes, abre o nosso discernimento, permitindo-nos compreender melhor as coisas. No Espiritismo, li uma infinidade de livros, começando pelas obras básicas de Allan Kardec, os textos da *Revista Espírita* por ele publicada e reproduzida em livros, além de obras subsidiárias de outros autores, como Léon Denis, Dellane, Bozzano. E também muitos dos livros, mediúnicos ou não, editados no Brasil por diversas editoras. Acho que vocês deveriam ler! Ler muito... A cultura e o saber adquiridos são também, ao lado do aprimoramento moral, ferramentas indispensáveis ao nosso progresso espiritual...

— A conversa está ótima, mas a gente vai ter que ir andando, vovô. Hoje, à noite, vamos a uma festa de aniversário...

— Ótimo, Marcos! Vocês são jovens e devem mesmo desfrutar das alegrias sadias da vida! Mas nada de muitos excessos, hein! - disse Sabino, com ar divertido.

Todos riram.

— Pode deixar, vovô! Vamos "maneirar" na cervejinha... - disse Marcos.

— Muito bem! Muito bem! - aprovou o velho. - Até a próxima semana, se Deus quiser.

Após as despedidas, Sabino levantou-se, tomando o caminho de casa enquanto os jovens se retiravam conversando animadamente.

22

Intercâmbio entre dois mundos: efeitos físicos e inteligentes

O GRUPO SE APROXIMAVA de Sabino quando Vera adiantou-se e, sem preâmbulos, foi logo dizendo, algo excitada:

— Eu fiquei muito impressionada com o filme que assisti ontem, vô, e gostaria de ouvir sua opinião a respeito!

Os outros jovens chegaram.

— Calma, Vera! - exclamou Marcos. - Vamos cumprimentar o vovô, primeiro. Boa tarde, vovô!

Sabino riu ante a sofreguidão da moça.

— Boa tarde, criançada! E que filme é esse, tão impressionante?

— É sim, vovô! Foi de arrepiar os cabelos.

— Pois diga logo, do que se trata...

— Um filme que tratava de uma casa mal-assombrada, com fantasmas arrastando correntes, móveis se deslocando sozinhos, luzes acendendo e apagando... Eu custei a pegar no sono à noite...

— Mas que besteira! - comentou Gustavo, com desprezo. - Como é que pode alguém se impressionar com essas coisas, hoje, na era da informática e dos computadores?

— É isso mesmo! - concordou Zezé.

Vera se irritou com as observações dos amigos.

— Isso não vem ao caso! - disse rispidamente. E, dirigindo-se a Sabino, suplicou:

— Vovô, por favor... Eu e o Gumercindo acreditamos que essas coisas podem acontecer, pois lembramos de nossas primeiras conversas, quando você falou dos fenômenos de Hydesville...

O velho respondeu com bom humor:

— Calma, gente! E já que vocês levantaram essa questão, acho que aí está um belo tema para o nosso "papo" de hoje: ou seja, o intercâmbio entre os chamados "mortos" com os vivos. O que vocês acham?

Todos concordaram, com entusiasmo. Sabino então prosseguiu:

— De início, sou obrigado a dizer que o Gustavo e a Zezé estão errados... É claro que, para produzir o clima de suspense desejado, o cinema exagera nos "efeitos especiais", criando cenas realmente inacreditáveis. Entretanto, vocês devem se recordar que eu já falei sobre as chamadas "mesas girantes" e, como Vera bem observou, sobre os fenômenos de Hydesville. Lembrem-se de que a casa da família Fox também era "assombrada"... Ou será que essas cabecinhas ocas já se esqueceram?

— Lembrar a gente lembra - tentou justificar Gustavo - só que...

— ... esqueceram, né? - completou Sabino rindo.

— É... Deu um branco...

— Pois é, gente. A verdade é que casas assombradas existem... Mesmo hoje, na era da informática... Como já disse muitas vezes ao longo das nossas tertúlias...

— Credo, vovô! Lá vem você de novo... O que é tertúlia? - reclamou Zezé.

— ... de nossas conversas, de nossas reuniões, de nossos bate-papos. O fato é que, após o desencarne, continuamos a ser nós mesmos, com a mesma personalidade, nossos afetos e antipatias. Natural, portanto, que pretendamos, se houver oportunidade, entrar em comunicação com os encarnados, tanto os que amamos como, eventualmente, os que odiamos... E esse intercâmbio ocorre desde que há seres humanos sobre a face da Terra, como também já dissemos.

— O que isso tem a ver com as casas assombradas? - perguntou Zezé.

— Ora, tem tudo! Porque as comunicações tanto podem ocorrer através dos chamados "fenômenos de efeitos físicos", como dos "fenômenos inteligentes". Os efeitos físicos são justamente esses, a que nos referimos, e que caracterizam "casas assombradas": movimentos de objetos, fogo surgindo espontaneamente, "aparições" de espíritos, e assim por diante.

— Mas, por que os espíritos fazem essas coisas? - perguntou Marcos.

— Muitas vezes, o objetivo é chamar a atenção das pessoas; em outras, é pura manifestação do desespero do desencarnado, que não consegue se desvencilhar do seu apego pelas coisas materiais... E até como tentativa de vingança contra desafetos... Enfim, as razões podem ser infinitas. Cada caso é um caso, como se costuma dizer...

— Mas como é que os espíritos conseguem mover os objetos, se eles são, como você mesmo já disse, "imateriais"? - questionou Paulo.

— Sua observação é ótima! E a questão nos leva a um assunto que tem sido motivo de muita discussão e, infelizmente, muita confusão entre os espíritas... A primeira ideia que se poderia ter a esse respeito, seria a de que os espíritos movimentassem os objetos com as suas mãos, "materializadas" de alguma forma. Essa ideia também ocorreu a Allan Kardec, quando tratou dessa questão com os seus instrutores espirituais. Como podemos verificar em *O Livro dos Médiuns,* no capítulo IV, eles informam que a entidade espiritual "anima" o objeto a ser movido com uma espécie de "vida fictícia", passando a movimentá-lo sob influência do seu fluido próprio, de acordo com a sua vontade. Ou, em outras palavras, podemos dizer que o objeto passa a "obedecer" ao comando, à vontade do Espírito.

— No filme *Ghost* tem uma cena assim... - disse Zezé. - Lembram? Na estação do metrô, o espírito tenta mover uma tampinha de garrafa e não consegue... O outro espírito lhe diz que tem que ser com a mente... com a força da mente... Aí, ele se concentra e consegue...

— Bom, o filme é meio fantasioso, mas é mais ou menos isso... Não deixa de ter alguma relação com a realidade...

— Esses fatos não são chamados de "poltergeist", vovô? - perguntou Gustavo.

— É, hoje em dia essa palavra de origem alemã, que significa mais ou menos "espírito brincalhão", está bastante na moda. Até porque têm se multiplicado os filmes sobre esse assunto, todos absolutamente exagerados em seus "efeitos especiais", mas que se revelam extremamente populares... Até eu já assisti a alguns deles...

Sabino parou um pouco para refletir. Depois continuou:

— Um dos fenômenos de efeitos físicos mais impressionantes talvez sejam as materializações. Nesses casos, extremamente raros, diga-se de passagem, o espírito se torna visível por todos os presentes, podendo ser até, em alguns casos, tocado, fotografado, como se fosse de "carne e osso". No desenrolar do fenômeno, o médium exala uma espécie de fluido esbranquiçado, chamado de "ectoplasma" por Charles Richet, fluido esse que, manipulado pelas entidades espirituais, adquire formas variadas, geralmente reproduzindo a figura que o Espírito manifestante apresentava quando encarnado. O interessante é que, dependendo das circunstâncias, a materialização não é completa, aparecendo apenas o tronco, por exemplo, sem as pernas, ou só a cabeça, ou só os braços e as mãos...

— Credo! Que coisa horrorosa! - exclamou Vera. - Fico arrepiada só de pensar...

— De fato, é meio assustador... - observou Sabino, rindo. - Mas em outros casos, a materialização é perfeita, chegando a ser possível até sentir o pulso da entidade... William Crookes pesquisou durante três anos as manifestações de um Espírito que se apresentava com o nome de "Katie King". Os seus relatos foram publicados no Brasil em livro intitulado *Fatos Espíritas.* Se vocês puderem, procurem ler... César Lombroso, cientista italiano, a princípio um ferrenho detrator do Espiritismo, rendeu-se por fim à evidência dos fenômenos que investigou, chegando à ventura de apertar em seus braços a sua filha falecida... Não é de se admirar que, depois dessa, ele se tenha tornado um defensor do Espiritismo, não é?

— Mas essas coisas ainda acontecem? - perguntou Paulo.

— Parece que hoje esses fenômenos são mais raros que no passado. Mas ainda ocorrem. Supõe-se que na época de Kardec, e mesmo um pouco depois, esses fatos foram produzidos em maior escala pela espiritualidade, como parte do processo de revelações que então se desencadeava e talvez com o objetivo de chamar a atenção e de fornecer aos interessados um forte elemento de convicção.

— Puxa, vovô! Deve ser muito interessante participar de uma reunião dessas... - observou Gumercindo. - Mas acho que eu iria ficar com medo...

— Mas, medo de quê? - disse o velho, rindo. - São apenas "fantasmas"... Ou seja, são apenas espíritos de pessoas. Você tem medo de gente?

— Às vezes, tenho... - respondeu o rapaz, rindo. - Tem gente que dá medo...

— É, você tem razão... Mas, em geral não nos causa espanto nem medo a presença de um parente ou de um amigo. Então, por que haveríamos de temer a presença de um deles desencarnado? É que nós sempre esquecemos que Espírito é gente... Apenas sem um corpo físico como o nosso, mas ainda dotado de um corpo etéreo, como já vimos...

— É... Você até pode ter razão, mas acho que nem assim eu perderia o medo...

Marcos, que estava pensativo, aproveitou a pausa para comentar:

— Estive pensando, vovô... Deve ser bem chato ser médium, não?

— Bem, de fato, mediunidade não é refresco... Talvez possamos considerá-la mais como um encargo do que como um privilégio... Mas já foi muito pior. Houve tempos em que a ignorância era total e muitos médiuns foram para a fogueira como bruxos ou feiticeiros...

— E os efeitos inteligentes, vovô?

— Bem, como fica fácil de ver, até aqui tratamos de fenômenos que impressionam os nossos sentidos, isto é, que são visíveis, audíveis, palpáveis e assim por diante. E por isso são chamados de efeitos "físicos". Mas os Espíritos podem se comunicar conosco de outras maneiras, que, no fundo, são muito mais importantes: são os chamados "efeitos inteligentes", nos quais as entidades se manifestam principalmente através da palavra escrita ou oral e da vidência, entre outras formas.

— Mas por que você diz que são mais importantes? - questionou Vera. - Não é o velho caso do "ver para crer"?

Sabino riu da observação da moça.

— Allan Kardec definiu bem essa questão. Ele afirmou que os fenômenos podem realmente despertar interesse pelas coisas espirituais, mas só as comunicações inteligentes, através das análises filosóficas que propiciam, é que vão gerar convicções realmente inabaláveis. E isso pode ser visto exatamente na própria história do Espiritismo. Os fenômenos chamaram a atenção de muita gente, mas muitos, a maioria, os encararam apenas como entretenimento, como passatempo. Somente umas poucas pessoas, dentre as quais o próprio Kardec, foram capazes de ir além das frivolidades. E isso, exatamente pela análise das comunicações escritas ou faladas, através das quais toda a estrutura doutrinária do Espiritismo pôde ser estabelecida.

— E como é que funciona isso, vovô? - perguntou Paulo. - Como é que o médium "recebe" as mensagens?

— Aqui acontece mais ou menos o mesmo que no caso do movimento de objetos, lembram? As pessoas foram levadas a imaginar que os Espíritos movessem os objetos com as suas "mãos", o que não ocorre, como já vimos. No caso da psicografia...

— O que é psicografia, vovô? - cortou Marcos.

— Desculpem... Psicografia é como chamamos as comunicações escritas, ou seja, aquelas em que o médium escreve diretamente no papel as mensagens dos Espíritos. Mas, continuando, muita gente imagina que entidades espirituais "pegam", ou, pelo menos, "agem" sobre a mão do médium para escrever. Mas Kardec afirma que isso não acontece. Na verdade, para explicar de uma maneira mais ou menos simplificada, o médium entra em "sintonia" com o Espírito, "captando" os pensamentos dele e os apresenta, a seguir, utilizando as suas próprias palavras. Ou seja, o Espírito "pensa" e o médium escreve o que o Espírito pensou... Esse, digamos, pequeno "detalhe" escapa a muita gente, inclusive a muitos espíritas. E é a explicação para uma série de aparentes dificuldades que a mediunidade nos apresenta. Como é fácil de perceber, o médium não desempenha um papel absolutamente passivo nessa história. Pelo contrário, é evidente a sua participação ativa no processo, pois utiliza as suas palavras (escritas) para expressar o pensamento dos Espíritos. Daí podermos afirmar que o "bom médium" não é o que recebe muitas mensagens, ou as recebe com facilidade, mas sim aquele que melhor for capaz de traduzir as ideias emanadas dos Espíritos.

— Mas como é que se vai saber se o que o médium escreve é do Espírito e não dele mesmo? - questionou Paulo.

— É uma boa pergunta, Paulo. Eu diria que essa distinção não é uma coisa exatamente "fácil". Mas, no fundo, não é tão difícil assim... Em geral, somos capazes de distinguir um pensamento próprio de um que nos tenha sido sugerido por outrem. No caso dos médiuns, é comum acontecer que as palavras reproduzam pensamentos que ele jamais teve, ou expressem opiniões diferentes, ou até mesmo conflitantes com o seu modo normal de pensar. Em outros casos, revelam uma erudição muito acima de sua capacidade, versando, por exemplo, sobre assuntos científicos ou filosóficos, usando expressões que o médium nem sequer conhece...

— Mas isso contradiz o que você disse agora há pouco... - observou Paulo. - Como o médium pode "traduzir", como você disse, os pensamentos usando palavras que ele não conhece?

Sabino sorriu ante a observação. Coçou a cabeça, antes de responder:

— É, você é esperto... Pois essa é uma das dificuldades que a mediunidade apresenta, como eu disse... Mediunidade não é coisa fácil, embora muita gente não ache... Na verdade, podemos afirmar que ninguém pode se expressar numa língua que não conheça. Acho que vocês devem saber que a linguagem não é inata no ser humano. Tem que ser aprendida. Por isso, aliás, é que os surdos de nascença também são mudos. Simplesmente porque não aprenderam a falar... Então, segundo esse princípio, um médium, por exemplo, não poderia reproduzir mensagens num idioma estrangeiro que ele não conhecesse. Mas, apesar disso, embora raros, acontecem casos assim. Ou seja, médiuns recebendo mensagem em línguas estrangeiras, às vezes em idiomas incomuns, não conhecidos nem pelos outros participantes da sessão, tendo que ser traduzidas posteriormente por especialistas. E, por extensão, também não poderiam usar palavras "difíceis", alheias ao seu vocabulário normal. Deu para acompanhar o raciocínio até aqui?

— Para mim, deu... - disse Vera.

Os outros concordaram.

— Então, como é que fica? - perguntou Paulo.

— Bem... Lembram que eu falei em maus e bons médiuns?

Os jovens acenaram concordando.

— Então... O fato é que os médiuns não "captam" as mensagens com a sua mente "física", mas com a sua mente "extrafísica", para usar uma expressão da Parapsicologia... E nessa mente extrafísica estão "armazenados" conhecimentos da vida atual e também de vidas anteriores. Assim, para expressar as ideias dos Espíritos, o médium "vai buscar", na sua memória extrafísica, os recursos que acumulou ao longo de todas as suas existências. Assim, embora ele possa ser até analfabeto na vida atual, pode ter sido um intelectual anteriormente. Desse modo, fica explicado até o fato, incomum mas existente, de médiuns analfabetos serem capazes de escrever quando em transe. Nesses casos, eles estarão usando recursos de sua mente extrafísica...

— E o que tem a qualidade do médium a ver com isso? - tornou a questionar Paulo.

— Muito. Os bons médiuns, que são raros, diga-se de passagem, são os que apresentam elevado grau de "flexibilidade", isto é, que são capazes de chegar a um transe tão profundo que lhes permita um mais amplo acesso à sua mente extrafísica. Nem todos conseguem isso. Os médiuns, não digamos maus, mas comuns, não conseguem esse acesso a tais recursos, ou não os possuem, de forma que são capazes de apresentar apenas mensagens mais ou menos deformadas, marcadas pelas suas limitações. Está bom assim? Deu para entender?

— É meio complicado, mas acho que entendi - disse Vera, com a aprovação dos outros.

— Bem, há ainda um outro aspecto. O contrário também acontece... Ou seja, médiuns mais ou menos instruídos, calmos, ponderados e gentis, falando de forma primitiva, ou sendo "assaltados" por desejos de violência ou grosseria, fatos todos totalmente estranhos à sua personalidade e indicativos de que são pensamentos alheios. É bom lembrar que não só Espíritos elevados comparecem às sessões... Muitas entidades atrasadas e sofredoras são conduzidas aos trabalhos mediúnicos justamente para serem "esclarecidas". Nesses casos, o médium corretamente educado ("desenvolvido", para usar uma expressão comum entre os espíritas) consegue controlar as coisas, atuando como uma espécie de "censor"... Caso contrário, as sessões podem descambar para a baderna...

— Engraçado... - disse Marcos, pensativo. - Sempre pensei que os espíritos "entravam" no corpo do médium para se manifestar... E acho que muita gente pensa assim...

— De fato, Marcos, essa é uma ideia corrente... Mas falsa, como já vimos... Insisto: o que ocorre é uma espécie de "telepatia" entre o Espírito e o médium. E isso ocorre em todas as formas de manifestações inteligentes: na psicofonia, quando os médiuns "falam" pelos espíritos, na audiência, quando "ouvem" o que eles falam, na vidência, quando os "veem"...

— Na vidência, vovô? - perguntou Maurício. - Mas você disse que até se pode tocar no espírito...

— Não, Maurício... Você está confundindo "vidência" com materialização, o que é outra coisa. Materialização é fenômeno de efeito físico... Os espíritos se tornam visíveis para todo mundo. Quem estiver na sala, será capaz de ver. Vidência é outro tipo de fenômeno, no qual só o médium "vê" o espírito. As pessoas comuns não... E mais, ele não o vê com os olhos, mas com a mente...

— Nossa, gente! Olhe que horas são! - espantou-se Marcos. - O papo estava tão bom que nem vimos o tempo passar. Vamos embora, moçada, senão tem bronca lá em casa...

Todos riram, concordando. De fato, começava a escurecer. O grupo se dispersou, após as despedidas de praxe.

23
Fluidoterapia, os passes e a medicina espiritual

OBSERVANDO OS JOVENS que se aproximavam, Sabino percebeu que vinham silenciosos, sem o alegre vozerio de sempre. Ao chegarem, tentaram simular uma alegria que visivelmente não sentiam. O velho retribuiu os cumprimentos enquanto observava cada um deles com olhar preocupado.

— O que houve? Vocês me parecem tristes... Aconteceu alguma coisa grave? Esperem aí... Cadê o Gustavo?

— O Gustavo está doente, vovô! - disse Zezé, meio chorosa. - Ele foi operado... de apendicite.

— Que coisa chata, não? Coitado do Gustavo... Mas, gente, não há porque ficarem tão preocupados. Apendicite, hoje, é uma operação super simples. Ele é jovem, forte, sadio... Vai tirar isso "de letra"... E, afinal, ele está bem?

— Ainda está sob efeito de anestésicos, mas está bem.

— Então! Ânimo, pessoal! - disse Sabino, procurando transmitir otimismo aos jovens. Aos poucos, a nuvem de tristeza que cobria aqueles rostos começou a dissipar-se. Até Zezé chegou a esboçar um sorriso, ela, a mais preocupada com a sorte do seu namorado. Por fim, sentaram-se ao redor do velho, como de costume, prontos para a "aula" daquela tarde. Marcos antecipou-se, perguntando:

— Vô, parece que o Espiritismo também faz curas, não é? Algumas que até parecem milagrosas...

Sabino sorriu, antes de responder:

— Curas, até que sim... Mas milagres... Vocês sabem muito bem que milagres não existem. Tudo o que acontece está dentro das leis naturais. Aliás, eu tenho uma birra daqueles que teimam em chamar de "sobrenaturais" as coisas relacionadas com os espíritos. Isso não é verdade. Os espíritos, o seu mundo e as suas relações com os homens são coisas perfeitamente naturais. Apenas pertencem a um outro ramo da natureza, mas ainda assim, naturais. Não acho certo considerar que, apenas por obedecerem a leis ainda desconhecidas pela maioria, essas coisas devam ser "expulsas" do reino da natureza. Acho que, no futuro, quando todas essas leis estiverem perfeitamente conhecidas por todos, esses fenômenos serão encarados como a coisa mais natural do mundo... Mas, voltando ao assunto, vamos deixar claro: curas, sim; milagres, não! E já que estamos falando nisso, eis aí um bom tema para o nosso papo de hoje. Vamos falar da "medicina" espiritual.

— Legal, vovô! - comentou Gumercindo. - Sempre ouço falar em rezas e benzimentos... Acho que é isso, não é?

Marcos reprovou:

— Que é isso, Gu? Isso tudo não passa de superstições... crendices de gente ignorante...

Sabino interveio:

— Calma, pessoal! Vamos analisar as coisas racionalmente. Antes de mais nada, vamos estabelecer um princípio básico, que, aliás, se aplica a tudo, dentro do Espiritismo: "nomes não importam". O que interessa são os efeitos. Assim, vamos definir que aquilo que em geral se chama de "benzimento", é chamado de "passe" no âmbito do Espiritismo.

— Você quer dizer que benzer e tomar passe é a mesma coisa? - perguntou Vera, meio espantada.

— Por mais supersticioso que isso possa parecer, a resposta é: de uma certa forma, sim. É claro que, no ambiente espírita, são dispensados as cerimônias e os aparatos estranhos adotados algumas vezes pelas "benzedeiras". Mas, no fundo, trata-se da mesma coisa: uma tentativa de transmitir fluidos energéticos curadores para as pessoas.

— Mas como é que isso funciona? - perguntou Paulo.

— Bem, isso exige algumas considerações. O princípio básico é que as doenças seriam o resultado de desequilíbrios energéticos, ou seja, relacionados com o "fluido vital", que, como já comentamos, pode ser considerado como a "gasolina" que faz o nosso corpo funcionar. Havendo falta de combustível, nossa "máquina" não funciona direito. O passe seria, então, um "reabastecimento" de fluido vital, que proporcionaria o reequilíbrio de nossas condições energéticas e, dessa forma, o restabelecimento da saúde.

— Mas isso funciona realmente? As pessoas saram? - questionou Marcos.

— Bom, aí depende... De acordo com os Evangelhos, Jesus curou muita gente usando esse método...

— Mas Jesus não está mais por aí... Estou falando hoje em dia... - insistiu Marcos.

— Consta que alguns médiuns conseguem bons resultados. Mas eu acho que, de um modo geral, os efeitos são muito menos perceptíveis do que as pessoas gostariam que fossem. É meio difícil dizer isso, mas até mesmo muitos espíritas - que deveriam ser mais racionais - incluem-se entre aqueles que esperam que os passes produzam milagres. A experiência demonstra que o passe atua muito mais no sentido de restabelecer o equilíbrio "emocional" das pessoas, do que propriamente "curar" as suas doenças.

— Mas, então, o passe pode ser incluído na lista de crendices populares - observou Paulo. - É tudo uma questão de acreditar...

— Não, Paulo. Eu estou sendo um pouco rigoroso na avaliação dos passes. E fiz isso porque tenho verdadeira implicância com muitas pessoas que vão aos centros tomar passe como os católicos vão às igrejas para "tomar a hóstia". Ou seja, encarando-o como um ritual... Aliás, algumas sessões públicas de alguns centros - especialmente se realizadas nas manhãs de domingo - parecem mesmo uma missa... As pessoas ficam dormitando enquanto alguém faz uma palestra, despertam para tomar o passe e voltam para casa satisfeitas por terem cumprido a sua obrigação dominical...

— Ô vovô! Você não perdoa nada, hein? - caçoou Vera.

— É... Às vezes, eu passo um pouco dos limites... Coisa de gente velha que, de tanto ver coisas que acha erradas, acaba perdendo a paciência... Mas, vou me policiar para não voltar a exagerar - respondeu Sabino, rindo. - Mas onde é que estávamos, mesmo?

— Você começou dizendo que estava sendo rigoroso ao avaliar os passes... - lembrou Paulo.

— É isso mesmo... Na verdade, os passes produzem efeitos. Se não esperarmos que eles façam milagres, podemos contar com esse ótimo recurso. O que eu quero dizer é que se alguém tem uma "bruta" infecção e tentar curá-la apenas com passes, provavelmente irá para o cemitério... Mas se você está deprimido, está angustiado, aflito em face de problemas, aí os passes poderão ajudá-lo a superar essas dificuldades, não removendo as suas causas, mas promovendo o seu reequilíbrio emocional, sobretudo no sentido de aprender a lidar com situações adversas...

— Mas isso fica parecido com esses livros de "autoajuda" que estão por aí... - comentou Paulo, arguto.

— Não é igual porque nos passes, como o próprio nome está dizendo, o "aplicador" realmente "passa" fluidos energéticos para o "paciente". É claro que a autossugestão atua de forma sensível, mas o passe vai além disso... Aliás, por falar nisso, é bom lembrar que se costuma dividir os passes em dois grandes tipos: os passes magnéticos e os mediúnicos. No primeiro caso, para explicar de uma forma simplificada, o passista transmitiria os seus próprios fluidos ao paciente, o que exigiria que o agente fosse capaz de liberar grandes quantidades de tais fluidos, para que o passe fosse realmente eficaz. Já no caso dos passes mediúnicos, o passista é apenas um colaborador que forneceria os fluidos que, manipulados pelos Espíritos, seriam então aplicados aos pacientes. Neste caso, qualquer pessoa poderia ser passista, pois sua atuação dependeria apenas de sua boa vontade e sincero desejo de ajudar...

Maurício interrompeu:

— Vovô, me diga uma coisa... A pessoa que aplica passes não perde energias? Não se contamina com os problemas do doente?

— Muitas vezes, o passista "sente" uma espécie de "refluxo" de fluidos negativos do paciente. Mas em geral, essa influência não persiste, porque o passista está sob proteção dos Espíritos benfeitores, que se encarregam de afastá-las. E também de "repor" as energias eventualmente perdidas no processo de doação.

— Você disse que qualquer pessoa pode aplicar passes... Até quem não é espírita? - questionou Vera.

Sabino sorriu, antes de responder:

— É claro que sim, Vera. Na verdade, adeptos de outras crenças usam e abusam do passe, embora lhe apliquem outros nomes... Como eu já disse, são os benzimentos, rezas, imposição de mãos, e outros rituais... Nomes não importam... Mas, gostaria de lembrar que há outros recursos dentro do que poderíamos chamar de "medicina espiritual"...

— E quais são? - perguntou Marcos.

— Um deles é o que chamamos de "água fluidificada", muito comum nos centros espíritas. Acreditamos que os "técnicos" espirituais sejam capazes de manipular fluidos de diversas espécies, adicionando-os à água, que adquire, assim, propriedades terapêuticas. Alguns frequentadores costumam levar garrafas de água aos centros, para serem fluidificadas. Nesses casos, o líquido recebe um princípio genérico, com características benéficas para todas as pessoas, não levando em conta as particularidades de cada indivíduo. Mesmo fato se dá quando do Evangelho no Lar. Para receber um recurso mais personalizado, é preciso que a pessoa identifique claramente ou coloque seu nome na vasilha, sejam garrafas ou copos.

— Mas, qual é o efeito disso? - questionou Paulo.

— Bem... Ocorre aqui o mesmo que no caso dos passes. Essa prática beneficia as pessoas, mas não se deve esperar milagres... Não conheço nenhum caso de curas espetaculares decorrentes do uso da água fluidificada. Mas é inegável que muitas pessoas se sentem mais calmas, mais reconfortadas após o seu uso. Mas há ainda um outro tipo de recurso: as cirurgias espirituais...

— Como aquelas que foram apresentadas na TV? - interrompeu Marcos. - Como é mesmo que se chamava o médium?

— Edson Queiroz - disse Sabino. - Mas há muitos outros. Eu tive oportunidade de assistir a um vídeo mostrando cenas impressionantes que ocorrem constantemente em Palmelo, no estado de Goiás. Lá, eles executam cirurgias em massa, sem anestesia, sem assepsia, e tudo parece funcionar bem. Os médiuns, conduzidos pelos espíritos, realizam incisões profundas, em diversos órgãos, removendo tumores, abcessos e coisas semelhantes. Não sabemos exatamente como as coisas são feitas, uma vez que todos os recursos são providos pela espiritualidade, mas os resultados parecem bem consistentes. Os pacientes não sentem dores e nem ocorrem infecções. Mas mesmo aqui não ocorrem milagres. Há casos em que os próprios Espíritos afirmam que a doença não tem cura...

— Mas isso não é ilegal? - perguntou Paulo. - Não é exercício ilegal da Medicina?

— Bem... É claro que os médicos não veem essas coisas com bons olhos. Têm surgido problemas, com médiuns sendo processados e até condenados por isso. Mas é uma questão controvertida... O fato é que, apesar dos pesares, muitos médiuns continuam atuando, dessa ou de outras formas, na tentativa de auxiliar as pessoas.

— Mas por que os Espíritos fazem essas coisas? - tornou a questionar Paulo. - Não seria o caso de deixar as coisas fluírem normalmente, com os recursos oferecidos pela Medicina terrena?

— Eu acho que os objetivos desses fenômenos são os mesmos daqueles que aconteceram no século XIX, ou seja, sacudir os velhos conceitos materialistas da ciência, para provar a imortalidade e a comunicabilidade da alma; para chamar a atenção da Medicina oficial para a parte espiritual do ser humano, para provar a sua verdadeira constituição como matéria e espírito. Como de costume, contudo, o alvorecer de uma nova era sempre é precedido por abalos e lutas entre a nova verdade e a velha ciência, que porfia em vão pela sobrevivência de seus conceitos arcaicos e superados.

Sabino fez uma pausa. Marcos, então, propôs:

— Vovô, a gente pretende ir daqui para o hospital, visitar o Gustavo. Você quer ir com a gente?

— Quero, sim! E irei com prazer.

— Ele vai ficar contente em vê-lo.

— Espero que sim... - disse Sabino, sorrindo. - E aproveitaremos para fazer uma prece conjunta ao seu lado.

— Isso funcionará como um "passe" em favor dele, não é? - observou Vera.

— Sim, sem dúvida.

Assim, todos se levantaram, já agora mais alegres, para visitar o amigo no hospital.

24
Obsessão, macumba e feitiçaria

NA PRAÇA ENSOLARADA, sob um céu muito azul, várias crianças brincavam de pega-pega ao redor dos canteiros. Em volta do velho Sabino, um pequeno grupo delas ouvia com atenção as histórias que ele costumava contar. De repente, levantaram-se e saíram correndo, qual bando de pardais irrequietos e barulhentos: a história terminara...

Sabino tomou fôlego, observando as crianças brincando, enquanto descansava. Algum tempo depois, ouviu-se, ao longe, alegre vozerio. O velho considerou consigo mesmo:

— Mais um bando de alegres jovens... Estes um pouco maiores... Permita Deus que todos eles possam assimilar alguma coisa dos ensinos que lhes passo... Que as sementes de amor que tento semear nos seus corações possam brotar um dia, produzindo frutos de sabedoria, fraternidade e paz...

Sabino ainda estava absorto em seus pensamentos, quando os jovens se reuniram a seu lado. Vera adiantou-se:

— Boa tarde, vovô. Você parece meio pensativo hoje. Algum problema?

— Boa tarde, turma! Não há nenhum problema. Eu estava apenas confabulando comigo mesmo, pedindo a Deus que os ensinos que lhes tenho passado possam frutificar algum dia...

— Frutificar? Como assim?

— Sim... Que eles possam torná-los criaturas boas, confiantes, fraternas e amigas para com todo o mundo.

Marcos mostrava-se meio inquieto, como quem deseja ardentemente fazer uma pergunta. Sabino notou e sorriu, fingindo ignorar o seu estado.

— A propósito, como vai o Gustavo?

— Ele já está em casa... Está ótimo. Não veio hoje porque ainda está um pouco abatido - explicou Zezé.

Dirigindo-se de repente a Marcos, Sabino perguntou:

— E o senhor, Marcos, o que deseja perguntar?

— Eu? Como é que você sabe que eu quero perguntar alguma coisa?

— Está na cara, pelo seu jeito, que alguma coisa o preocupa. O que é?

— Bem... Você adivinhou. Faz tempo que eu queria saber uma coisa que vem me azucrinando a cachola... Trata-se da macumba, da feitiçaria, essas coisas... O que é que o Espiritismo diz a respeito disso? Seria este o lado mau do Espiritismo? Ou, como se costuma dizer, o "baixo" Espiritismo?

Sabino balançou a cabeça.

— Marcos, Marcos, como a maioria das pessoas, você também está fazendo uma grande confusão, misturando alhos com bugalhos... O Espiritismo é um só... Não existem "altos" ou "baixos" espiritismos... Aliás, já falamos sobre isso... As pessoas confundem rituais espiritualistas africanos com Espiritismo. Mas são coisas bastante distintas... O único Espiritismo é aquele codificado por Kardec. Não existe outro.

— Mas essas coisas existem mesmo? É possível fazer "trabalhos" para ajudar ou prejudicar pessoas? - perguntou Vera.

— Bem... Acho que esse pode ser um bom tema para hoje. Vamos falar sobre macumba, sobre feitiçaria e sobre um assunto intimamente ligado a isso: a obsessão. Acho que já falei a vocês sobre ondas e vibrações... E também sobre "sintonia", que seria um entrosamento de vibrações. Quando emitimos boas vibrações, através de pensamentos salutares, de nossas atitudes dignas, fraternas, amorosas, estamos oferecendo condições de sintonia com a espiritualidade elevada. Da mesma forma, se embrutecemos as nossas vibrações com maus pensamentos, atitudes indecorosas, eivadas de sentimentos de inveja, de cobiça, de ódio, estamos nos predispondo a nos relacionarmos com a espiritualidade inferior. É a chamada lei das afinidades: semelhantes se atraem...

— Diferente do magnetismo, em que os polos opostos é que se atraem - observou Paulo.

— É, de fato. Mas aqui é o contrário... Além disso, o fato é que nós, todos nós, ao longo de nossas vidas, acabamos, voluntária ou involuntariamente, por prejudicar os outros, fazendo com que pessoas se coloquem na condição de nossos desafetos, ou mesmo de nossos inimigos. Considerando que a morte não significa a aniquilação do ser, mas sim apenas a sua "transferência" para o outro lado da vida, é evidente que ódios enraizados persistem para além da sepultura. Por causa disso, pessoas existem que são constantemente acompanhadas por espíritos vingativos, seus inimigos. Estas infelizes criaturas desejam a todo custo tirar uma desforra, vingar-se de injustiças de que se creem vítimas. Uma vez desencarnados, procuram aproximar-se dos seus desafetos. Se estes estiverem vibrando em faixas inferiores, como decorrência de sentimentos negativos, como ódios, rancores, ciúmes e toda essa vasta gama de baixezas próprias de espíritos atrasados, encontram os desencarnados a oportunidade de "obsidiá-los", ou seja, de entrar em sintonia com eles, hipnotizando-os, procurando prejudicá-los de todas as formas. Se o encarnado, no caso, tiver um certo grau de sensibilidade mediúnica, poderá tornar-se vítima daquilo que chamamos de "obsessão", ou seja, de influências negativas, prejudiciais, exercidas por espíritos. Kardec, para simplificar, classificou as obsessões em três tipos principais: a "obsessão simples", a "fascinação" e a "subjugação". As duas primeiras são desagradáveis, mas menos graves, afetando muito mais os médiuns como tais, interferindo nas suas comunicações, distorcendo as mensagens, enganando-os quanto à identidade dos espíritos comunicantes, e assim por diante.

— E a terceira? - perguntou Marcos. - É mais grave, suponho...

— Sem dúvida. A subjugação, impropriamente chamada de "possessão" - na Idade Média, era a "possessão demoníaca" - consiste no total domínio do Espírito sobre o médium, levando-o a atitudes estapafúrdias, a comportamentos altamente comprometedores, a agir como verdadeiro louco, como se verdadeiramente estivesse "possuído pelo demônio".

— E o que tem a macumba a ver com isso tudo? - perguntou Paulo.

— A macumba é um ritual africano em que, muitas vezes, os encarnados pedem aos seus amigos espirituais que hipnotizem, ou obsidiem um desafeto. Ou, como mais comumente se diz, pretendem "fazer um despacho" para prejudicar alguém. A fim de conseguir a necessária sintonia para que os espíritos possam atuar sobre a mente do sujeito, valem-se de artimanhas bem inteligentes. Para impressionar e sugestionar as vítimas, confeccionam conjuntos de coisas extravagantes, tais como pratos contendo galinhas pretas, farofas, garrafas de cachaça, velas de diversos feitios e cores. Ou sapos com a boca costurada, ou bonecos representando as vítimas, com agulhas espetadas e por aí vai... Essas coisas todas são deixadas em lugares estratégicos, em encruzilhadas, ou jogadas no jardim dos inimigos, tudo com o intuito de atemorizá-los, pois o medo é um dos fatores predisponentes à atuação das entidades tenebrosas. Os objetos, por si, nenhum efeito produzem, mas constituem a ponte para sugestionar as pessoas, tornando-as vulneráveis.

— E a feitiçaria, vovô? É a mesma coisa? - perguntou Zezé.

— É parecido. Os objetos usados no "feitiço" são o ponto de contato entre o feiticeiro e a vítima. Neste caso, o feiticeiro faz as vezes do espírito obsessor. Por vezes, objetos são introduzidos no ambiente em que a vítima vive, em sua casa, embaixo do travesseiro, nas suas roupas, objetos que, impregnados de fluidos negativos, poderiam prejudicá-la de diversas formas. Mas aqui também a sugestão, através do medo, é um fator poderoso para desencadear os efeitos pretendidos.

— Mas, vovô... Como é que isso é possível? - questionou Vera, meio alarmada. - Estamos à mercê de quem quiser nos prejudicar? Deus permite isso?

— Vamos com calma, Vera. A sua dúvida é realmente procedente. Mas podemos responder categoricamente que não... De forma alguma estamos desarmados, desamparados em face dessa situação... Vamos recordar o que eu disse no início: tudo é uma questão de sintonia... Se mantivermos a nossa mente em padrão vibratório elevado, jamais sintonizaremos com espíritos obsessores. Mas, se não fizermos isso, se, pelo contrário, nutrirmos todos aqueles maus pensamentos, estamos, como se diz, "dando sopa p'ro azar". Ou, resumindo: ninguém recebe o que não merece. Seremos atingidos se dermos condições para isso... E, temos que reconhecer, aí a culpa será nossa.

— É possível curar uma obsessão, vovô? - perguntou Gumercindo.

— Não é fácil, mas é possível. Nos centros espíritas existem sessões de desobsessão, nas quais se procura convencer o obsessor a abandonar a empreitada. Essa atividade exige muita dedicação, humildade e desprendimento por parte dos integrantes do grupo de trabalho. Dependendo do caso, o inimigo não abandonará a vítima assim, sem mais nem menos. Basta lembrar que há casos de obsessões decorrentes de desavenças que duram séculos...

— Séculos, vovô? - estranhou Marcos.

— Sim! Ué, qual a dúvida? A morte não existe... Os espíritos conservam suas lembranças, seus amores e, principalmente, os seus ódios pelo tempo afora... Mas, voltando ao trabalho, em todos os casos, a maior parte da tarefa fica a cargo da equipe espiritual que atua junto ao grupo, a qual toma todas as providências, trazendo o obsessor para a sessão, controlando as manifestações para que não virem bagunça, e assim por diante. Mas a verdade é que a cura da obsessão passa necessariamente pela transformação moral e espiritual do obsidiado e também do obsessor. Não adiantaria muito simplesmente "expulsar" o espírito, pois as más vibrações do encarnado acabariam por atrair novamente a mesma entidade, ou outra de igual ou pior condição. A paciência, o otimismo, a fé, a humildade, a bondade, os bons pensamentos da parte do encarnado acabarão por vencer a resistência do espírito obsessor, abrandando o seu coração, fazendo com que, regenerado, desista definitivamente de seus intentos malévolos. Isso, muitas vezes, demanda tempo. Mas pode ser realizado...

— Eu sempre tive medo desses "despachos" - disse Maurício.

— Não há o que temer - disse Sabino - desde que mantenhamos uma vida norteada pelo amor e pela bondade, desde que cultivemos pensamentos de paz, de compreensão, mantendo o equilíbrio emocional e, sobretudo, evitando rixas e dissensões... Com isso, estaremos nos colocando muito acima das vibrações dos espíritos inferiores. E também não nos devemos deixar impressionar por rituais de magia negra, lembrando sempre o velho ditado: "o que vem de baixo não nos atinge"... Lembrem-se sempre disto: jamais forças superiores serão subjugadas por forças inferiores. Jamais a treva poderá apagar a luz...

Os jovens permaneceram calados e pensativos, em face das últimas palavras de Sabino. Paulo observou:

— Quer dizer que os "endemoninhados" que Jesus curou nada mais eram do que vítimas de espíritos obsessores?

— Exatamente! Os infelizes estavam sob o domínio de um "demônio" (lembrando que o vocábulo "demônio" vem do grego "daimon", que significa "espírito") e curavam-se imediatamente porque a força moral de Jesus era tão avassaladora que os obsessores fugiam espavoridos.

Paulo insistiu:

— Quer dizer que quando os primitivos cristãos "expulsavam os demônios" nada mais faziam do que afastar espíritos perturbadores?

— Correto.

— E por que Jesus afirmou a seus discípulos que alguns demônios só poderiam ser expulsos à custa de muito jejum e oração?

— Simples: orar é comungar com o plano espiritual para haurir forças morais. Quanto ao jejum, Jesus não se referia ao jejum alimentar, mas, sim, ao espiritual. Jejuar espiritualmente é abster-se das coisas inferiores, tais como a raiva, a inveja, o ciúme, o ódio, a avareza e tudo o mais que tanto embrutece o ser humano. Com o coração cheio de amor, livre dos condicionamentos inferiores e com o auxílio do Alto, a pessoa torna-se moralmente apta para obter o respeito e a obediência dos espíritos inferiores.

Os jovens se levantaram. Maurício propôs:

— Vovô, a gente vai até a casa do Gustavo para uma visitinha rápida. Quer ir com a gente?

— Vamos, sim. Mas tem que ser rápido, pois tenho um compromisso.

E rumaram todos para a casa de Gustavo, enquanto a tarde caía sobre a velha praça.

25
Modernas pesquisas espíritas. A Parapsicologia

GUSTAVO FAZIA PARTE do grupo que se aproximou do velho naquela bela tarde de sexta-feira. Sabino manifestou satisfação em vê-lo:

— Olá, jovens! Que bom que você está de novo em forma, Gustavo!

— Graças a Deus, estou bom novamente. Sabe, vovô, enquanto estive acamado, aproveitei para ler alguma coisa sobre o Espiritismo. Estive lendo *O Evangelho segundo o Espiritismo* e *O Livro dos Espíritos*. Foi muito bom, pois adquiri maiores conhecimentos e esclareci dúvidas sobre alguns pontos da doutrina. Mas uma dúvida ficou: hoje em dia as pesquisas espíritas continuam? O que se vem fazendo em termos de pesquisa na época atual?

— Primeiramente, acho muito bom que você tenha lido algumas das obras básicas do Espiritismo. Essa é a melhor maneira de aprender verdadeiramente a doutrina de Kardec. Quanto à sua pergunta, vamos aproveitá-la como tema para o nosso papo de hoje. Ou seja, vamos falar das pesquisas pós-Kardec...

Houve aprovação geral. Os jovens se acomodaram em redor do idoso e Sabino começou:

— Nos últimos tempos, a ciência experimentou um desenvolvimento sem precedentes. E as coisas vêm se sucedendo, crescendo em progressão quase geométrica. Basta lembrar que algumas coisas, hoje corriqueiras, sequer eram imaginadas há vinte anos atrás. Por exemplo, quem é que iria imaginar que praticamente toda casa tivesse um computador, fosse ligada na internet, que fossem possíveis comunicações instantâneas com qualquer parte do mundo e por aí afora... Na busca frenética do conhecimento, a ciência voltou-se para o exame da infinita grandeza do espaço sideral, com suas galáxias, quasares, pulsares, buracos negros... Mergulhou também na infinita pequenez das entranhas dos átomos e suas partículas, elaborando intrincadas teorias a respeito das forças que atuariam no Universo, para explicar os fatos e os mistérios que desafiavam e ainda desafiam o conhecimento humano. Mas tudo isso desenvolvido, em geral, por cientistas materialistas, descrentes de qualquer aspecto transcendental na origem dos fatos.

— Podemos considerar, então, que o materialismo é demonstrado pela ciência? - perguntou Paulo.

— Eu acho melhor dizer que a ciência se ocupa do materialismo, das coisas materiais. Mas afirmo, baseado na opinião de muitos pensadores, que o materialismo, como oposição ao espiritualismo, é uma teoria como qualquer outra, sujeita também a demonstrações, que, por sinal, não existem. Ou, para ser mais claro, é um engano imaginar que o materialismo é "comprovado" pela ciência, enquanto o espiritualismo seria apenas uma "crendice". Mas a verdade é muito diferente disso.

— Eu já li, em algum lugar, que a ideia de Deus é inaceitável do ponto de vista científico, racional - observou Paulo.

— Bem, Paulo, eu devo dizer que na ideia de Deus que as religiões pregam, nem eu acredito. De fato, imaginar que Deus é um velhinho de barbas brancas, interferindo na vida de todo mundo, protegendo alguns, perseguindo outros, é um verdadeiro disparate. Mas se pensarmos em Deus como o Espiritismo pensa, como inteligência suprema e causa primária de todas as coisas, sem perdermos tempo em cogitar de sua natureza íntima, então essa ideia perde toda a sua irracionalidade, tornando-se filosoficamente aceitável. Quando a ciência desdenha da religião, é preciso definir claramente de qual religião se trata. Não há nenhum antagonismo entre o Espiritismo e qualquer ciência. Mas, voltando ao materialismo, podemos afirmar que jamais se conseguiu demonstrar que o espírito não existe. Embora os defensores dessa teoria não aceitem as provas que apresentamos, eu considero que isso se deve mais a um dogmatismo renitente, teimoso, do que a uma racionalidade científica.

— Mas, pesquisas mostram que determinadas áreas do cérebro estão relacionadas com as funções que normalmente se relacionariam com o espírito: memória, por exemplo... - insistiu Paulo.

— Muito bem, Paulo. Você é um rapaz bem informado. Mas também neste caso, isso nada prova. Os pesquisadores afirmam, cheios de empáfia, que se ocorrer uma lesão numa determinada região do cérebro, a pessoa perde uma determinada faculdade... Por exemplo, pode ficar cega, perder a memória etc. Assim, afirmam eles alegremente, tudo se resume ao funcionamento fisiológico do cérebro, sem a necessidade dessa crença imbecil na existência de algo espiritual no homem. Contudo, essa afirmação demonstra apenas ignorância a respeito do verdadeiro caráter do ser humano. O Espiritismo vem demonstrando que o espírito tem de valer-se do corpo que lhe foi atribuído, para se manifestar. E que, evidentemente, se o corpo tem deficiências, ele não poderá agir adequadamente. É claro que uma lesão cerebral impede que uma pessoa tenha um comportamento normal. Assim como um paralítico não consegue andar... Mas estão confundindo o instrumento com o músico... Ainda que seja um virtuose, um violinista, por exemplo, jamais conseguirá tocar com perfeição usando um violino desafinado... E se este vier a ficar sem cordas, aí então é que o instrumentista não tocará nada... Experiências mediúnicas demonstram que o espírito de um imbecil é perfeitamente normal. Apenas não consegue agir como tal em virtude das limitações orgânicas de que é vítima...

— Que interessante, vovô! Eu nunca tinha pensado nisso, e nem ouvido ninguém comentar... - disse Marcos.

— De fato, Marcos, o Espiritismo tem explicações para tudo. Por isso, volto a afirmar que, de forma alguma, o materialismo pode ser considerado uma doutrina "provada" pela ciência. Mas vamos mudar um pouco o nosso rumo. Afinal, deixemos as ciências físicas cuidarem das coisas físicas, enquanto nós nos ocupamos das ciências "não físicas", com destaque para a que hoje chamamos de Parapsicologia.

— Isso tem aparecido na televisão de vez em quando, não é, vovô? - perguntou Clara.

— É... De fato, a televisão por vezes aborda, da forma enviesada de sempre, essas questões. Porém, no geral, acho esses programas decepcionantes... Tremendamente superficiais e sensacionalistas... Mas, voltando ao nosso assunto, é importante lembrar que as pesquisas espíritas do passado, salvo um ou outro caso, não foram julgadas dignas da atenção da "ciência oficial", sob a alegação de que não passavam de "crendices". Assim, não podendo entrar nas Universidades pela porta da frente, acabaram entrando pela porta dos fundos, com o nome de Parapsicologia. No fundo, tanto a Parapsicologia como o Espiritismo perseguem o mesmo objetivo: entender a verdadeira natureza do ser humano. Infelizmente, nos dias atuais, as pesquisas nessa área restringem-se aos parapsicólogos, uma vez que os espíritas, com uma ou outra honrosa exceção, descuidaram desse aspecto. Mas, embora os objetivos globais sejam os mesmos, há divergências no varejo... Nem todos os parapsicólogos são espíritas... Acho até que a maioria pretende usar a sua ciência justamente para combater o Espiritismo, tentando encontrar explicações científicas para os fenômenos espíritas, chamando-os de paranormais.

— E eles conseguem provar alguma coisa? Que tipo de pesquisas eles fazem? - perguntou Paulo.

— Como em tudo o mais, depende do ponto de vista de cada um. Mas, de um modo geral, as experiências mais significativas têm demonstrado que existe no ser humano algo além da matéria, só que não querem chamar esse algo de "espírito" ou "alma"... Mas nomes não importam... Dentre os estudos que em geral se consideram sérios, podemos citar as pesquisas dos fenômenos relacionados com a morte, conduzidas pelo grupo do Prof. Pratt, da Duke University, nos Estados Unidos; pesquisas sobre reencarnação efetuadas pelo Prof. Ian Stevenson e também as do Dr. Hernani Guimarães de Andrade, do Instituto de Pesquisas Psicobiofísicas de São Paulo, este um dos poucos espíritas verdadeiros a se ocuparem desses estudos...

Sabino fez uma pausa, pensou um pouco, e continuou:

— Há, ainda, experiências de regressão de memória, por meios hipnóticos ou não, em que o sujeito é levado a recordar de fatos ocorridos em encarnações anteriores, sendo que, em alguns casos, foi possível a comprovação do que foi relatado; há, também, estudos sobre a memória e a percepção extracorporal realizadas nos Estados Unidos e na Europa... E sobre médiuns curadores... E comunicações espirituais através de gravadores...

— E as "fotografias da aura", vovô? Já li ou já ouvi falar sobre isso em algum lugar... - perguntou Marcos.

— Bem, são as chamadas "kirliangrafias", assim denominadas porque foram inicialmente obtidas por Semion Kirlian, na antiga União Soviética. Mas eu, pessoalmente, tenho dúvidas a respeito. Já fiz algumas experiências nesse campo e não as achei muito conclusivas... Mas não pretendo entrar em polêmicas...

— Você falou em gravações de mensagens espíritas? - questionou Maurício. - Como é que foram feitas?

— Inicialmente, elas foram obtidas na Suécia, por Friedrich Juergenson e depois desenvolvidas pelo cientista alemão Konstantin Raudive, que chegou a apresentar 30.000 registros de vozes de espíritos, obtidas em gravadores comuns, num congresso de Parapsicologia...

— Mas como fizeram isso? Gravaram os médiuns falando?

— Não, Maurício. São gravações de "vozes diretas", por analogia com as antigas "escritas diretas". Ou seja, as vozes foram registradas diretamente nas fitas magnéticas.

— Mas não pode ter sido uma interferência? - insistiu Maurício.

- Alguma transmissão de rádio, que foi captada pelo gravador?

— Não, porque foram tomadas todas as precauções para evitar que isso ocorresse, inclusive colocando o gravador em caixas hermeticamente fechadas e blindadas de forma a não poderem ser penetradas por ondas eletromagnéticas comuns.

— E como sabem que são vozes de espíritos e não de pessoas?

Os jovens reagiram ante a insistência de Maurício.

— Ô Maurício... que tanto pergunta... - disse Vera.

Sabino interveio:

— Não, gente! As perguntas são ótimas e pertinentes... As dúvidas do Maurício são legítimas... Devem ser esclarecidas... Bem, podemos dizer que, entre outras evidências, são as próprias vozes que afirmam que são espíritos... Não vejo razão para duvidar...

— Quer dizer, vovô, que tudo o que Kardec afirmou vem sendo comprovado pela ciência, hoje em dia? - perguntou Vera.

— Infelizmente, isso ainda não ocorre com a amplitude que eu acho que mereceria, mas aos poucos as coisas vão caminhando... Na minha opinião, até hoje, apesar dos enormes avanços da ciência, nenhuma descoberta científica desmentiu qualquer um dos postulados fundamentais do Espiritismo. Ao passo que, por outro lado, muitas das suas afirmações vêm sendo comprovadas, ou pelo menos, delineadas por diversos ramos da ciência "oficial". Mas tenho certeza de que, mais cedo ou mais tarde, iniciaremos a chamada "Era do Espírito", na qual os conhecimentos transcendentais serão tão corriqueiros como os que hoje azucrinam vocês nas aulas de Física e Química...

Os jovens riram...

— Você falou bem, vovô... Azucrinam mesmo... - comentou Gustavo.

— Bem, já vamos indo, vovô... Na semana que vem, estaremos de volta, mas acho que talvez seja a última vez, pois vamos ter que nos dedicar aos exames vestibulares que se aproximam - comentou Marcos. - Isso é uma coisa massacrante...

— Então, na semana que vem, nós nos reuniremos na minha

casa - disse Sabino. - Vocês terão oportunidade de comer um delicioso bolo que a minha esposa faz... Vocês sabem o caminho, não é?

— Sabemos, vovô! Sexta-feira, no horário de costume, estaremos lá - disse Maurício.

Então todos se levantaram, abraçaram o velho e partiram.

26
A confraternização

NUMA RUA TRANQUILA, localizava-se a pequena mas confortável casa em que Sabino residia com sua esposa. Um pequeno jardim com roseiras enfeitava a entrada. Os jovens, conforme prometido, tinham vindo, como sempre, em alegre bando. Paulo e Clara vieram de outra direção, juntando-se aos outros. Sabino atendeu alegremente ao toque da campainha.

— Olá, jovens, que alegria vê-los... Vão entrando, vão entrando...

— Que perfume delicioso exala seu jardim, vovô - comentou Clara. - E que lindas rosas...

— É obra da minha esposa... Ela é "vidrada" em plantas, para usar uma expressão de vocês...

Os moços foram entrando. Sabino apresentou:

— Esta é Matilde, minha esposa. Ela me atura há mais de quarenta anos...

Matilde sorriu e disse:

— E vice-versa: ele também me atura pelo mesmo tempo...

Todos riram. Sabino conduziu o grupo a um dos quartos da casa, convertido em biblioteca.

— Gente! Vejam quantos livros o vovô tem! - exclamou Marcos, admirado.

Os jovens começaram então a observar e a manusear os livros metodicamente organizados na estante.

— Que livros você nos aconselharia a ler, vovô? - perguntou Paulo.

— Eu tenho a convicção de que todo estudioso do Espiritismo tem de ler todas as obras básicas de Kardec. Além disso, costumo sugerir os livros clássicos, escritos por contemporâneos de Kardec, tais como Camille Flammarion, Ernesto Bozzano, Gabriel Delane, Léon Denis... Como vocês já têm uma vaga noção da Doutrina Espírita...

— Vaga? - interrompeu Paulo. - Não concordo! Acho que já adquirimos uma boa noção da doutrina, através dos seus ensinos...

Sabino sorriu. O grupo parou de conversar e pôs-se a ouvir.

— Bem... Eu fiz o possível, mas é claro que existem ainda muitas outras coisas a serem esclarecidas. O que eu ofereci a vocês foram apenas alguns conhecimentos elementares, mas falta construir o resto do edifício. E essa construção tem que se assentar sobre a sólida base oferecida pelas obras de Kardec. A partir delas é que será possível erigir uma fé raciocinada e, portanto, sólida. E eu digo isso porque muita gente principia pelo fim ao invés de "começar pelo começo"...

— Como assim vovô? - perguntou Marcos.

— Simplesmente, começando pela leitura de obras que não lhes proporcionam a base sólida de que carecem.

— Que obras?

— Apenas como exemplo, posso citar as obras de André Luiz...

— Mas não são boas essas obras?

— São excelentes. Mas impróprias para um iniciante na doutrina. É mais ou menos como recomendar a um aluno da terceira série que leia Machado de Assis... Ele será incapaz de compreender as sutilezas de suas obras... Somente lendo as obras básicas é que o principiante se tornará apto a separar o joio do trigo, a distinguir a verdade da mentira, a realidade da fantasia... Com Kardec aprenderá a raciocinar e analisar... capacitando-se, assim, a enfrentar quaisquer dúvidas que surgirem...

— E as tais obras clássicas? - perguntou Marcos, interrompendo.

— Elas são recomendáveis porque contêm conceitos filosóficos e científicos, frutos de pesquisas e estudos de homens de indiscutível valor, comprovando as ideias transmitidas por Kardec.

Maurício comentou:

— Mas a maioria não gosta de ler, não tem tempo para estudar... E depois, onde encontrar essas obras?

— Você tem razão, Maurício. A maioria sofre de "preguiça mental"... Quanto ao tempo, quem realmente se interessa sempre encontra um tempo, nem que sejam alguns minutos por dia... Onde encontrar as obras? Muitas delas continuam a constar dos catálogos das livrarias espíritas. As que porventura estejam esgotadas, podem ser encontradas nas bibliotecas dos Centros Espíritas... Qualquer Centro minimamente "kardecista" deve possuí-las...

— E as obras do Chico Xavier?

— São muito boas... Devem ser lidas também... Mas, na minha opinião, não se deve começar por elas. O Chico é um grande missionário e por seu intermédio muitas coisas excelentes nos foram legadas, merecendo a atenção e o interesse que despertam em tanta gente.

Sob aprovação de Sabino, cada jovem escolheu um livro.

— Não tenham pressa em devolvê-los - disse o velho. - Espero sinceramente que os livros possam contribuir para abrir as suas mentes para as novas realidades cujos rudimentos ofereci a vocês nesses meses todos...

Dona Matilde assomou à porta e exclamou sorrindo:

— Pessoal! O café está na mesa...

Entusiasmados, todos acorreram à copa, onde, sobre uma mesa bem posta, um apetitoso bolo os aguardava.

— Oba! Bolo de chocolate! É o meu preferido - exclamou Maurício.

Todos se reuniram à mesa, conversando animadamente, saboreando com prazer a deliciosa iguaria e tomando o café com leite oferecido pela prestimosa dona da casa.

Lá fora, começava a escurecer...

— Vovô... Vovó, está tudo ótimo, mas nós temos que ir andando...

— Mas ainda é cedo, Vera. Fiquem mais um pouco - disse Matilde.

— Nós voltaremos em outras oportunidades, vovó... Ainda mais depois deste bolo...

— Venham sempre que quiserem... Apenas, peço para me avisarem antes para que eu providencie um dos meus bolos... Aliás, eu tenho a receita de inúmeros bolos...

— E todos devem ser ótimos, a julgar pela amostra de hoje! - exclamou Marcos.

Matilde sorriu, meio encabulada:

— Bondade de vocês...

— Vovô, muito obrigado por tudo, pelos ensinamentos, pela paciência com que aturou as nossas impertinências, as nossas gozações... - disse Maurício, meio emocionado pela despedida.

— Que nada, gente! Eu é que tenho de agradecer pela paciência que vocês demonstraram ouvindo as arengas de um velho rabugento...

Todos riram das palavras de Sabino.

— Mas você não é velho e muito menos rabugento... - disse Zezé.

— Como não, se já estou com mais de setenta anos?...

— Mas você é mais jovem de espírito do que muito rapazinho de vinte anos...

Todos aplaudiram, concordando. Aos poucos, ainda conversando, foram se aproximando da porta de saída. Matilde e Sabino os acompanharam, parando no jardim, observando-os enquanto se retiravam. Acenaram ainda uma vez com as mãos, recolhendo-se depois, abraçados. Matilde comentou:

— Como é bom ver a nossa casa vibrar com entusiasmo jovem...

— Eles voltarão, minha velha. Eles voltarão... - murmurou Sabino.

Dados de Wilma Stein

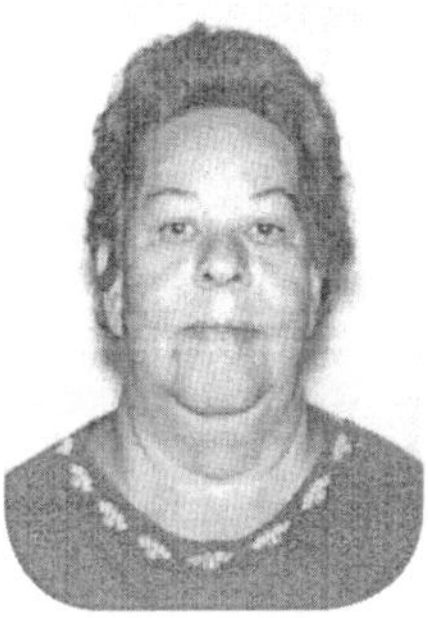

Wilma Stein (de acordo com o RG - Rosalina Wilma Stein) nasceu em Jundiaí aos 31 de outubro de 1929. Filha única de um casal de meia idade (foi adotada), solteira, passou a vida na cidade de Rio Claro. Cursou o 1º grau completo e cursos de datilografia, contabilidade e inglês no antigo ginásio Koelle, hoje Colégio Koelle, trabalhando no mesmo como secretária durante 40 anos.

De família Luterana, aos dezoito anos conheceu o Espiritismo através de um programa de rádio. Interessou-se vivamente pela doutrina, e, sendo o expositor radiofônico amigo de seu pai (Sr. José Dias, grande alma, hoje já na pátria espiritual) este passou a frequentar a casa, passando a orientá-la com referência à doutrina, presenteando-a com as obras básicas.

Ela teve que enfrentar muita luta e resistência da família, mas conseguiu, sob a orientação do Sr. José Dias frequentar a "Casa dos Espíritas", onde desenvolveu seus dons de mediunidade consciente (psicografia e psicofonia). Além de ajudar nos trabalhos práticos, ajudou nos passes e na evangelização infantil. A Casa dos Espíritas mantém um Departamento — o "Instituto Allan Kardec" —, para deficientes mentais, crianças de difícil trato, pois a maioria vinha da ex-FEBEM de São Paulo. Atualmente o Instituto Allan Kardec funciona apenas como escola para deficientes mentais da cidade, não mais como internato.

Foi nesta ocasião orientada, intuitivamente, a escrever historietas, jograis, canções, pecinhas teatrais etc, para ajudar na evangelização das internas. Destes trabalhos foram publicados *O Vaga-lume Pisca-Pisca* e a *Lagarta Come-Come.* Mais tarde surgiu a ideia de fazer um trabalho também para adolescentes, algo que fosse de fácil leitura e atraente.

Foi quando surgiu o presente livro.

Sofrendo com uma artrose a lhe entravar as pernas, não mais sai de casa. Sua atividade por muito tempo foi fazer traduções para seu particular amigo, o Dr. Hernani Guimarães Andrade (inglês e alemão). Traduzir boletins de TCI (Transcomunicação Instrumental) vindos da Alemanha, Suíça e Luxemburgo, bem como fazer a versão dos livros (para o inglês) Psi Quântico e Espírito, Perispírito e Alma.